Stefan, 22, deutscher Rechtsterrorist: *„Mein Traum ist der Traum von vielen"*

Von
Giovanni di Lorenzo

Rowohlt

Für Michael

1. Auflage März 1984

Lektorat Klaus Humann
Umschlagentwurf Manfred Waller
(Umschlagbild Hardy Brackmann)
Hinweise auf die Fotografen Seite 160

Satz Bembo (Linotron 404)
Gesamtherstellung Clausen & Bosse, Leck
Printed in Germany
ISBN 3 498 03827 3

Inhalt

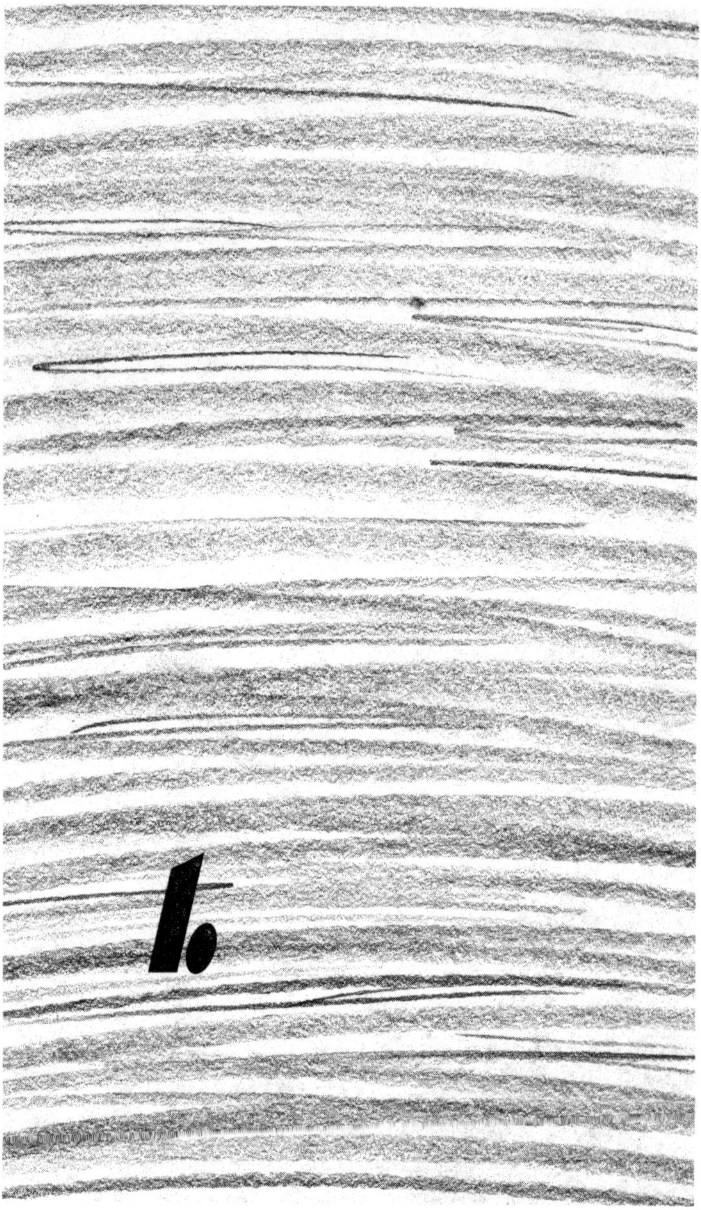
1.

„Das leichte Leben, das Geld, das Abenteuer"

Stefans Einstieg in die rechte Szene

Im Grunde genommen war ich immer schon kriminell. Meinen ersten Bruch habe ich mit elf gemacht. So etwas hat mich immer angezogen: das leichte Leben, das Geld, das Abenteuer. Ich habe die Gefahr gesucht, die Selbstbestätigung. Wenn ich was gedreht habe, fühlte ich mich immer gut danach. Ich war immer großzügig, habe immer viel Geld gehabt. Intelligenz wurde mir von überall her bescheinigt. Aber ich war bei allen ein Prahlhans, ich habe immer übertrieben. Ich habe angegeben mit Geld, Klamotten, Motorrädern. Vielleicht war in all diesen Dingen viel Eigenliebe. Aber ich hatte diese Unfähigkeit zu irgendwelchen tieferen Kontakten. Ich brauchte die Gefahren, um meine Probleme zu übergehen. Wenn ich an meine Kindheit zurückdenke, fällt mir eigentlich nur eines ein: Ich hatte unheimlich starke Kontaktschwierigkeiten. Das war mein Hauptproblem: Ich war immer schüchtern.

Ich habe einen Bruder, der heißt Florian und ist 18 Jahre alt. Zu meinen Eltern habe ich ein gutes Verhältnis. Mein Vater kommt aus Niedersachsen und hat eine kaufmännische Ausbildung. Er ist sehr intelligent, aber kein Karrieremensch.

Ein ruhiger Typ, sanft, einer, der eher fühlt. Meine Mutter kommt aus Hannover und ist immer Hausfrau gewesen. Ganz früher hat sie ab und zu als Mannequin gearbeitet. Beide sind knapp über fünfzig Jahre alt. Meine Eltern lieben uns über alles. Sie haben immer nachgegeben und nie Druck gemacht. So wie unsere Eltern uns erzogen haben, würde ich meine Kinder nie erziehen. Wir haben nie über Schwierigkeiten gesprochen, höchstens wenn alles schon zu spät war. Man ist nie aufeinander zugegangen. Und ich bin mit meinen Schwierigkeiten nie zu ihnen gegangen.

Als ich aufs Gymnasium kam, war ich jünger als meine Mitschüler und auch körperlich unterlegen. Ich war zwei, drei Jahre auf dem Konrad-Adenauer-Gymnasium, einer humanistischen Schule. Ich habe mich dort immer in den Vordergrund gespielt, wurde schnell zu einer Art Klassenclown. Geschichte und Latein waren meine Lieblingsfächer. Mit den autoritären Lehrern habe ich mich am besten verstanden.

Ich habe viel Blödsinn gemacht, aber zwei Jahre lang ist mir nichts Ernsthaftes passiert. Dann aber hat man mir nahegelegt zu gehen, wegen so einer kriminellen Geschichte, die am Konrad-Adenauer-Gymnasium bekanntgeworden ist. Ich bin geflogen wegen eines Diebstahls.

Als ich danach auf ein neusprachliches Gymnasium kam, habe ich nur zu einem Jungen näheren Kontakt gefunden, Rolf Schneider hieß der. Eines Tages, als ich gerade aus der U-Haft entlassen wurde, wollte ich ihn wie immer bei seinen Großeltern abholen. Ich habe geklingelt, und sein Opa hat mir aufgemacht. Er hat mich in die Küche geführt und gesagt: „Rolf ist tot." Das hat mich unwahrscheinlich mitgenommen. Bei einer Feier soll er zuviel getrunken und dann anschließend Schlaftabletten genommen haben. Wahrscheinlich war es ein Unfall.

An der neuen Schule hatte ich Doktor Schröder als Klassenlehrer. Er war sehr autoritär. Mit ihm bin ich gut ausgekommen. Er hat die Beschwerden der anderen Kollegen nie verstanden. Ja, und das ging dann so weiter: Ich habe mich wieder in den Vordergrund gespielt und viel vorgetäuscht. Kontakte außerhalb der Schule hatte ich nicht. Meine Hobbies habe ich immer allein gepflegt: Reiten, Angeln, Fischen. Ich habe sogar im Verein geangelt. Und dann natürlich Motorräder und Autos. Ich bin heute noch davon besessen.

Mein Hauptproblem waren damals die Mädchen. Ich wollte immer anbändeln, konnte aber nie meine Hemmungen überwinden. Ich war sehr arrogant aus Unsicherheit. Als ich sechzehn war, hatte ich ein sehr positives Erlebnis in der Tanzschule. Ich habe bei *Ritmo* ein Mädchen angesprochen, und daraus wurde eine Freundschaft, die sehr ausschlaggebend war. Mit diesem Mädchen war ich drei Wochen lang zusammen. Es gab auch Küßchen und so. Dann hat sie mir mein bester Freund ausgespannt. Ulrich Mertens heißt der, und er war viele Jahre mein einziger Freund.

Mit vierzehn habe ich ihn kennengelernt, wir wohnten in der Nachbarschaft. Der Frau bin ich dann ein Jahr lang hinterhergelaufen. Durch meine Schwäche aber ist deswegen die Freundschaft zu Mertens nicht auseinandergegangen. Er hat mir immer imponiert mit seinem Verhältnis zu Frauen. Er ist kräftig gebaut und sieht ganz gut aus. Trotzdem ist er ein unheimlicher Lügner und Angeber. Er möchte der harte Mann sein, aber irgendwie ist er nicht zu verstehen. Er läßt die Leute nicht in sich hineinblicken. Auch Mertens hatte diese Vorstellung von Frauen, leichtem Leben und Prahlereien. Ich habe mit ihm viele Dinger gedreht, da war ich eher dominant. Körperlich aber war er stärker, und das hat er ständig ausgenutzt. Ich habe mich mit ihm immer wieder versöhnt, weil ich keine anderen Freunde hatte. Er ist so einer, der durch Faulheit immer versagt hat. Mertens war es auch, der mich in den Kreis der Jungen Nationaldemokraten (JN) eingeführt hat.

Meinen ersten Kontakt hatte ich im Herbst 1976, mitten im Bundestagswahlkampf. Ich ging mit Mertens zu einem ihrer Treffen. Die JN hatten damals eine Kellerwohnung in einem Arbeiterviertel gemietet: Ein schmutziger Raum, in der Mitte stand eine lange Tafel. An den Wänden hingen schwarzweißrote Fahnen, Gummiknüppel und NPD-Plakate. Alles ging sehr zackig und männlich zu. Gleich nach der ersten Sitzung sind wir rausgegangen und haben auf einem Platz DKP-Schilder zertrümmert. Ich fand das ganz toll und war gleich dabei, ohne lange zu überlegen. Gruppe und Aktionen – das hat mir imponiert.

Von da an bin ich jede Woche zum Gruppentreffen gegangen. Zehn Mann waren wir insgesamt, Schüler und Angestellte. Drei haben fest gearbeitet. Die Organisation der JN war eher chaotisch, offiziell aber gab es richtige Ränge. Bei unseren Sitzungen haben wir über politische Themen geredet, aber auch viel Blödsinn gemacht. Die anderen haben dabei Bier und Schnaps getrunken.

Die Angst, sich einem Monstrum zu nähern

Wie kommst du dazu, dich mit einem Neo-Nazi zu treffen? Das fragte ich mich selbst immer wieder, wenn ich über das nachdachte, was mir noch kurz zuvor unvorstellbar erschienen war: Mit einem Nazi, zudem noch mit einem der wenigen, die in der Bundesrepublik als Terroristen verurteilt worden sind, einträchtig an einem Tisch zu sitzen und Kaffee zu schlürfen und dabei über die Ideen und Erfahrungen, über die Aktionen und Wünsche eines Jungfaschisten zu plaudern?

Diese Frage spürte ich aber auch bei all denen, die von meinen Treffen mit Stefan etwas erfahren hatten. In ihrer Neugier lag stets etwas Aggressives, so als ob ich mich durch das Interesse für den Neo-Nazi selbst als verkappter Rechtsextremist entlarvte und allmeine gegenteilige Erklärungen wurden regelmäßig so aufgenommen wie die Ausflüchte des sprichwörtlichen Biedermanns, der, am Eingang eines Sex-Shops erwischt, sein Interesse für die Porno-Waren als Studie über die Verwerflichkeit der modernen Sitten ausgibt.

Dabei wurde mir während der zwölf Monate, in denen ich den Nazi traf, durchaus bewußt, daß meine Anteilnahme an seinem Leben sich wohl kaum noch allein durch ein journalistisches Anliegen erklären ließ. Dieser Stefan beschäftigte mich auch außerhalb unserer ausgedehnten Treffs; ich grübelte stundenlang über das, was wir zuletzt besprochen hatten, nach; suchte, obwohl wir uns absolutes Stillschweigen über unsere Verabredungen versichert hatten, verläßliche Freunde auf, bei denen ich ein Ventil für all das suchte, was mir im Zusammenhang mit dem Terroristen in Kopf und Bauch umherschwirrte; öfter verfolgten mich unsere Gespräche bis in den Schlaf hinein: Ich träumte sogar davon.

Die Frage also, wie man dazu kommt, einen Neo-Nazi zu treffen, verriet mir immer eindeutiger die Antwort: Weil es etwas mit mir zu tun hat. Diese Erkenntnis verwirrte mich zutiefst. Nur das selbstgerechte Mißtrauen der anderen ärgerte mich auch weiterhin. Als ob das Eingeständnis der eigenen emotionalen Beteiligung an den durch Salge verkörperten rechtsextremistischen Gedanken und Verhaltensweisen gleichzusetzen sei einer Identifikation mit blankgewienerten Odalsrunen und markigem „Sieg Heil"-Gegröle, mit der Propaganda über „Vergasungslüge" und „Überfremdung", mit Bombenanschlägen und Banküberfällen. Und als ob das rein äußerliche Fehlen dieser rechtsterroristischen Erkennungsmerkmale bei meinen ach so kritischen Mahnern ihre makellose antifaschistische Wesensart demonstrierte.

Dabei fühlte ich mich, 24 Jahre alt, kein bißchen schlechter, vor allem aber kein bißchen besser über unsere faschistische Vergangenheit aufgeklärt und über das, was davon verborgen, aber auch ganz augenfällig heute noch herumspukt, als die allermeisten meiner Gleichaltrigen auch.

Das erste, was ich darüber bewußt hörte, schnappte ich zu Hause auf: Meine Mutter, die während des Krieges von Ostpreußen nach Niedersachsen geflüchtet war, erzählte, daß mein Großvater, seit sechzig Jahren in der SPD, gleich nach der Machtergreifung durch die Nazis von der politischen Polizei abgeholt worden war, für fünf Monate eingesperrt wurde und danach seinen Job als Redakteur verloren hatte.

Da ich meinen Opa ausgesprochen gerne mochte, war das Wort Nazis für mich erst einmal denkbar schlecht besetzt, und mein Großvater besaß lange Zeit die heldenhafte Aura eines Verfolgten, noch imponierender, eines Widerstandskämpfers. Später allerdings bekam dieses Bild so manchen Riß, als ich ihn ganz unbedarft und voller Neugier auf die Zeit der Nazi-Herrschaft ansprach und zu meiner grenzenlosen Verwunderung merkte, daß ich damit ein Tabu berührte. Sooft ich auch nachhakte, ich bekam immer nur einige wenige gequälte Antworten, so lapidar und lückenhaft, als erfahre man bei der Schilderung einer Seuche nur etwas über den ersten Fieberanfall und von den letzten Tagen des Heilungsprozesses.

Was mein anderer, mein italienischer Großvater in dieser Zeit trieb, erfuhr ich zunächst durch meinen Vater, zu dessen wenigen Erinnerungen an das Duce-Regime und seinen Krieg der Vormittag zählt, an dem er beim Blumenpflücken von einer englischen Kampfmaschine mit MG-Salven beschossen wurde. Mein anderer Opa war während des Faschismus zum *podestà*, zum Bürgermeister in einem kleinen Nest in den mittelitalienischen Marche ernannt worden. Niemand, auch nicht der meinem Großvater am schlechtesten gesinnte Verwandte, kann sich erinnern, daß er in seinem Amt irgend etwas getan hätte, was als faschistisch ausgelegt werden könnte. Der italienische Faschismus, so wurde mir bei solchen Gelegenheiten beigebracht, war ein *fascismo all'acqua di rosa*, ein mit Rosenwasser besprenkelter (oder gar ein mit Rosenwasser um sich sprenkelnder?) Faschismus.

Eines Tages lernten sich meine beiden Großväter kennen – zwei Männer, deren imposante Leibesfülle bereits Respekt einflößte – und redeten auch über diese Zeit. Ich habe von dem Gespräch nur in Erinnerung behalten, daß sich mein italienischer Großvater plötzlich damit brüstete, daß ihm König

Viktor Emanuel III. noch kurz vor dessen Abgang ins Exil die Hand geschüttelt habe. Worauf mein deutscher Opa stolz auf sein Bundesverdienstkreuz erster Klasse zeigte.

Schon detailreicher fiel die Lektion in Sachen Faschismus in der (italienischen) Volksschule aus. Zwar erfuhren wir genausowenig über Mussolini wie über die Ideologie und die glorreichen Taten des Faschismus – um so mehr berührte uns der aufopferungsvolle und selbstlose Kampf der italienischen Partisanen gegen die Deutschen und die angeblichen, von ihnen gesteuerten Marionetten unter meinen Landsleuten (wobei unser Auffassungsvermögen damals noch nicht so geschärft war, als daß uns die wundersame Wandlung der Italiener von einem Volk von Faschisten zu einem Volk von Widerstandskämpfern aufgefallen wäre).

Von all diesen Mythen hielt nur einer in den folgenden Jahren halbwegs stand, der dennoch zu einem wichtigen Selbstwertgefühl verhalf: Mögen auch viele der Männer, die Italien seit dem Ende des Krieges zugrunde wirtschaften, regelrechte Gangster sein – keiner von ihnen war auch nur passives Mitglied der faschistischen Partei gewesen.

Als ich in die Bundesrepublik kam, besuchte ich zunächst ein stockkonservatives, jahrhundertealtes humanistisches Gymnasium, an dem nach meiner sonst über diese Zeit an Erlebnissen sehr reichen Erinnerung das Thema Nationalsozialismus im Unterricht nicht stattgefunden hat.

Dafür kam ich erstmals mit Menschen in Berührung, denen die politischen Umwälzungen seit dem Ende des Zweiten Weltkriegs in Deutschland zu schnell gegangen waren, als daß sie bereits auf die eigene Anschauung durchschlagen könnten: Wir hatten einen jener furchtbaren Oberstudienräte, der sich in seinen unteren Klassen mit Sätzen wie „In einen Panzer lassen sie mich zwar nicht mehr rein, aber eine Panzerfaust kann ich immer noch halten“ vorzustellen pflegte und dennoch von einem Großteil der Lehrer und Eltern in den höchsten Tönen gelobt wurde.

Dieser feinsinnige Erzieher kommentierte eines Tages meine Wahl zum Schülersprecher des Gymnasiums mit dem Ausruf: „di Lorenzo – dieser Itaker!“ und schlug vor, daß man mich zusammen mit den anderen Schülervertretern aufhängen sollte. Als ich mich daraufhin bei meinem Schulleiter beschwerte, versprach mir dieser nach eigenem Bekunden durch und durch humanistisch gesinnte Mensch, die Angelegenheit sogleich zu regeln. Schon am nächsten Tag eröffnete er mir, er habe die Sache höchstpersönlich bereinigt: Der Oberstudienrat werde sich bei mir entschuldigen. Natürlich konnte er sich die Befürchtung nicht verkneifen, ich wolle den Vorfall nur dazu ausnützen, den Ruf der ehrwürdigen Anstalt zu „beschmutzen“.

Die Entschuldigung des Oberstudienrats fiel dann auch entsprechend originell aus: Niemals hätte er es gewagt, mich einen „Itaker“ zu schimpfen, vielmehr habe er „di Lorenzo – dieser Italer“ gerufen, was zu seinen Zeiten in seiner Truppe eine überaus freundschaftlich gemeinte Bezeichnung für die italienischen Soldaten gewesen sei.

Über dieses Erlebnis hinaus von am eigenen Leib erlebtem Ausländerhaß zu sprechen wäre sicherlich eine selbstmitleidige Überempfindlichkeit, immer vorausgesetzt, man bewertet das Wohlwollen von Menschen gegenüber einem Fremden, der keine Gastarbeiter als Eltern hatte, der schon bald die Sprache akzentfrei beherrschte und auch äußerlich weder durch einen dunklen Oberlippenbart noch durch einen Busch wild sprießender Brusthaare unter dem Unterhemd auffiel, als Zeichen von ausgeprägter Ausländerfreundlichkeit.

Auch in den linken Gruppen, die ich in dieser Zeit voller Neugier fixierte und von denen ich als Kind der Nach-68er-Generation nur die tristesten und borniertesten Ausläufer miterleben durfte, fand eine Auseinandersetzung mit dem Nationalsozialismus nur insofern statt, als man die ideologische Endlösung im Kampf gegen die damals an vielen Gym-

nasien agitierende CDU-nahe „Schülerunion" (SU) in der Parole „SU–SA–SS" gefunden zu haben glaubte und Herrn Strauß auf einem Poster mit einem Hitler-Bärtchen verzierte, womit sich die glücklichen Besitzer unzweifelhaft auswiesen, daß man ihnen über die latent schlummernden Gefahren eines neuen Faschismus in Deutschland wirklich nichts mehr zu erzählen brauchte.

Eine jahrelang andauernde Beschäftigung mit neonazistischen Erscheinungen, die schließlich zum Zusammentreffen mit Stefan Salge führen sollte, begann für mich erst, als ich drei Jahre vor dem Abitur auf ein als linke Musterschule ge-

Pseudonym

priesenes neusprachliches Gymnasium überwechselte. Ausgerechnet dort, wo Junglehrer bei Kurstreffen auch einmal ganz entspannt kifften, der Deutschlehrer als anschauliches Vorbild, wie man verfahrene Beziehungskisten-Krisen bewältigt, die Frau Kollegin im Lehrerzimmer anmachte und wo man mir als noch verklemmtem Ex-Humanisten beibrachte, daß auch das Scheißen mitten ins Klassenzimmer (was tatsächlich vorgekommen ist) als Zeichen genuinen jugendlichen Protests und als Ventil für repressivste kapitalistische Sozialisation ernst genommen werden muß, wurde ich gleich in der ersten Stunde von einem mir unbekannten Schicki-Micki mit einem markigen „Ausländer raus!" begrüßt, was niemandem außer mir befremdend vorzukommen schien.

Es sollte nicht bei einem Einzelfall bleiben. Wochen später drohte mir ein bulliger Abiturient grundlos Schläge an. Ein anderes Mal bei einer Notenbesprechung argwöhnten zwei Mitschüler vor der versammelten Klasse, daß ich zu meiner guten Zensur nur auf Grund der Tatsache gekommen sei, daß ich Ausländer bin. Schließlich erreichten mich zu Hause anonyme Anrufe, in denen ich von einer unbekannten Stimme dazu aufgefordert wurde, mich von der Schule zu verpissen, da deutsche Schulen den Deutschen gehörten.

Aus meiner Betroffenheit über diese Ausfälle ergab es sich zwangsläufig, daß ich mir die Gruppe von Schülern genauer anzuschauen begann, deren militantes Auftreten und brachiale Sprüche bald keinen Zweifel mehr daran ließen, daß sie mehr oder minder unverhohlen mit Neo-Nazis sympathisierten.

Der aktivste von allen war ein Junge aus meiner Klassenstufe, der zwar im Unterricht immer wortlos vor sich hinbrütete, sich aber durch Schmieraktionen vor allem auf die Wandzeitung der Schülervertretung dem gesamten Gymnasium als Nazi zu erkennen gegeben hatte. In seinem Umfeld agierten Schüler, die noch viel augenfälliger auftraten, sich nach außen aber durch Werbeaufkleber auf Autos und Schul-Etuis als CDU-Anhänger ausgaben.

Da waren zwei, die sich noch in der Oberstufe einen Spaß daraus gemacht hatten, im Kunstunterricht ein KZ zu zeichnen, das sie auserwählten Mitschülern mit der Ankündigung zeigten: „Da kommst du hinein!" Da war ein eher schmächtiger Blonder mit einer auffälligen Narbe auf der Wange, der aber immer wie ein Groschenheft-Zuhälter aufgemotzt herumlief und beim Pausen-Joghurt linken Mitschülern „Rotfront verrecke!" zurief. Da war ein vor Selbstbewußtsein strotzender Schwarzgelockter, der seine Pöbeleien seelenruhig unters Volk bringen konnte, weil ihn jeder wegen seiner Karate-Kenntnisse fürchtete.

Im Herbst 1976 zeigten sich Sonnabend mittags in der City die ersten schwarzuniformierten Jugendlichen um den Stand der NPD-Jugendorganisation Junge Nationaldemokraten. Stundenlang beobachtete ich ihr Auftreten, studierte ihre Argumente und ihre Tricks, bis sie mir ebenso vertraut wurden wie die Kameraden aus meiner Schule, die ich alle bei den NPD-Anhängern gelegentlich wiedersah. Versuchte man sie allerdings später auf ihre Kumpanei mit den Neo-Nazis festzunageln, spielten diese meist schnieke gekleideten, reichen Bürgersöhne die überzeugten Demokraten und verwiesen etwa auf ihre Mitgliedschaft in der Jungen Union.

Anders als die einschlägig bekannten Faschisten ist dieser Typus des rechtsradikalen Sympathisanten, den man auch heute noch im Dunstkreis neonazistischer Gruppen antrifft, immer schlau genug, mit Hilfe ihres bürgerlichen Tarnmäntelchens den Kopf rechtzeitig aus der Schlinge zu ziehen, wenn es zu Konflikten mit Polizei und Justiz kommt. Als Salge 1978 in Lüneburg zusammen mit anderen Jungfaschisten wegen mehrerer Schmierereien und Klebeaktionen vor Gericht gestellt wurde, spielte einer dieser Flanellhosen-Nazis, ein verwöhnter Arztsohn, den Kronzeugen und ging straffrei aus.

Anfang 1977 erreichte die Militanz der Rechten an unserer Schule den Höhepunkt. Auch fremde Rechtsextremisten agitierten unbehelligt auf dem Schulgelände, einmal wurden sogar Aufnahmeanträge für die Wehrsportgruppe Hoffmann verteilt. Ich traute meinen Augen nicht, als ich bemerkte, daß viele der Lehrer, denen sonst kein Problem zu schulfremd, kein Krisenherd in dieser Welt zu entfernt erschien, als daß sich eine Diskussion darüber nicht gelohnt hätte, sich des unübersehbaren Problems entledigten, indem sie so taten, als ob es nicht existierte. Es wäre wohl auch ein unzumutbares Eingeständnis gewesen zuzugeben, daß sich ausgerechnet Schüler als faschistoid herausstellten, die sie jahrelang aufgeklärt zu haben glaubten.

Als sich eines Tages unter Schülern dann doch ein gewisser Unmut zu regen begann, hatte eine Lehrerin den unglückli-

Faschingsumzug in Radstadt (Österreich) am 3. März 1981

chen Einfall, einen stadtbekannten Rechtsextremisten in den Unterricht einzuladen. Nach der Stunde erzählten mir ziemlich verwirrte Mitschüler, der Mann sei rhetorisch so beschlagen gewesen, daß ihm niemand etwas Stichhaltiges entgegenzusetzen vermochte.

So begann ich wenigstens damit, mich mit dem Nazismus in unserer Vergangenheit ebenso wie in unserer Gegenwart auseinanderzusetzen. Aber es war eine aseptische Beschäftigung, genauso wie das Anstarren und Beobachten der Neo-Nazis an meiner Schule und am Propagandastand in der Innenstadt, ohne jemals mit diesen Jugendlichen ins Gespräch zu kommen. Sie blieb es bei meiner Abiturarbeit über den italienischen Faschismus (wie gescheit und selbstgerecht läßt sich über etwas schreiben, was man nur aus den Büchern kennt!); sie blieb es auch, als ich im Februar 1979 während eines vierzehntägigen Schulpraktikums zum erstenmal eine Redaktion von innen sah und während dieser Zeit die Gespräche aufgelöster Fernsehzuschauer annahm, die unter dem Schock von *Holocaust* stereotyp stammelten, von alldem nichts gewußt zu haben (während ich mir unter dem Vorwand, die Grausamkeiten der Sendung nicht ertragen zu können, nicht einmal eine halbe Folge anschaute).

Wann immer ich leibhaftig oder in Zeitungen und Zeitschriften auf alte oder neue Nazis stieß, merkte ich indes, wie sich diese für mich zum Feindbild schlechtin entwickelt hatten. Wohl in Erinnerung an die Erniedrigungen an der Schule, spürte ich ebenso ohnmächtigen wie blinden Haß und erwischte mich manches Mal dabei, wie ich mir genüßlich drakonische Bestrafungen für sie ausmalte.

Anderthalb Jahre später las ich anläßlich eines großen Prozesses gegen Rechtsterroristen in Braunschweig, daß sich unter den Angeklagten einer der Jugendlichen befand, die ich so oft am Stand der „Jungen Nationaldemokraten“ beobachtet hatte und der sich dann in den folgenden Monaten immer mehr radikalisiert hatte. Obwohl ich ihm sicherlich nicht einmal flüchtig aufgefallen war, entstand bei mir ein Gefühl, als ob ein alter Schul- oder Spielkamerad vor Gericht stünde – so vertraut war er mir durch meine Betrachtung geworden. Gierig las ich alles, was über ihn und seine Kameraden geschrieben wurde. Ich versuchte ihn regelrecht einzukreisen, indem ich Erkundungen über ihn einholte und in Zeitungsarchiven wühlte. Ich ärgerte mich über die oberflächlichen Etikettierungen für diesen Jungen und dessen Gruppe, deren kriminelle Taten und politische Zugehörigkeit zwar bekanntgegeben wurden, nichts aber über ihre Entwicklung und Beweggründe, ihre Ideen und Absichten.

Eines Morgens überfiel mich ein Gedanke, der mir zunächst noch wie ein Hirngespinst vorkam: Wie wäre es eigentlich, wenn ich einfach einmal versuchte, mit diesem gleichaltrigen Nazi zu sprechen, wenn es mir gelingen würde zu erfahren, was ein junger Rechtsextremist tut, denkt und fühlt; wenn ich es schaffte, dem entgegenzutreten, was in mir am meisten Haß und Abscheu auslöste. Kurz: wenn ich es über mich bringen würde, ein Monstrum kennenzulernen.

Diese Idee ließ mich nicht mehr los. Ich beschloß, alles dranzusetzen, mich meinem Neo-Nazi zu nähern. Ich erfuhr, daß sich der Rechtsextremist von seinen alten Kameraden losgesagt hatte und trotz einer ganzen Latte von Vorstrafen und einer erst wenige Wochen alten Verurteilung wegen Mitgliedschaft in einer terroristischen Vereinigung fast täglich die Haftanstalt verlassen durfte, um in einer nahe gelegenen Großstadt seine Lehre fertigzumachen.

Da entschied ich mich im März 1981, ihm eines Tages vor dem Gefängnis aufzulauern. Am Morgen dieses Unterfangens fühlte ich mich so aufgeregt wie vor meiner Abiturprüfung, und mir zitterten die Knie. Um möglichst seriös zu wirken und nicht gleich das ominöse Feindbild von irgendeinem linken Störenfried abzugeben, paßte ich sogar meine Kleidung dem erwarteten Ereignis an: Ich schmückte mich mit Flanellhosen und Burberry und band mir eine blaue

Wollkrawatte um. Als ich nach einstündiger Autofahrt in die Nähe der Justizvollzugsanstalt gelangte, parkte ich meinen schrottreifen Käfer sorgsam außer Sichtweite, weil ich mir einbildete, daß auch ein solches Auto Minuspunkte bei der Entscheidung für oder gegen ein Gespräch abgeben könnte.

Kurz vor 11 Uhr stand ich herzklopfend vor der Gefängnispforte: Ich brauchte nur wenige Minuten zu warten, da erkannte ich durch ein Fenster den Nazi, wie er forschen Schrittes die Beamtenstube betrat. Er hatte sich verändert seit der Zeit, als er bei den Aufmärschen in der Innenstadt seine eher weich wirkende Erscheinung durch besonders draufgängerisches Auftreten zu kaschieren suchte. Die hübschen, fast lieblichen Züge waren tatsächlich härter geworden, die Haare kürzer, die Kleidung elegant. Nun hatte er auch mich durch die Scheibe erspäht, und er schaute mit einem beängstigend verschlossenen Gesicht zu mir herüber.

Als er ins Freie heraustrat, entschloß ich mich plötzlich, ihm ohne Umschweife die Wahrheit ins Gesicht zu sagen. Ich gab mich als jemand aus, der ihn schon zu Schulzeiten beobachtet, später all seine Etappen aus der Presse verfolgt hatte und nun seine ersten Schreibversuche als Journalist startete. Ich sagte ihm, daß mich seine Karriere als Neo-Nazi interessierte, daß ich vielleicht etwas darüber schreiben wollte. Ich erklärte ihm, daß ich kein Profi sei, daher auch keinen festen Auftraggeber hätte und ihm keinen Pfennig Geld für seine Erzählungen geben könnte. Und in meinem Anfall überschäumender Offenheit hörte ich mich noch verkünden, daß ich eine etwaige Veröffentlichung als ein Stück antifaschistischer Aufklärung verstehen würde.

Der Nazi wirkte zunächst ziemlich übertölpelt. So dirigierte er mich erst einmal weg von der Justizvollzugsanstalt mit der Begründung, dort gäbe es immer ein paar Leute zuviel, die mithören und mitsehen wollten. Dann kehrte er den im Umgang mit solchen Anliegen Routinierten heraus: Er habe schon mehrere solcher Anfragen abgeschlagen, der

Stern hätte es auch schon versucht. Sogar ein Filmteam habe sich kürzlich bei ihm vorgestellt, das er später als DKP-Zelle entlarven konnte. Im Moment aber habe er nur ein Ziel: das Kapitel Neo-Nazis und Knast so schnell wie möglich hinter sich zu lassen und ein anderes Leben zu beginnen. Ich hakte noch einmal nach und ergänzte, daß ich mich immer darüber geärgert und gewundert hätte, daß man zwar viel über Neo-Nazis lesen könne, bislang aber nie die Gelegenheit hatte, unmittelbar von den Betroffenen zu erfahren, was sie denken und fühlen.

Der Terrorist blieb reserviert. Schließlich warf er ein, wenn überhaupt, dann würde er nur unter striktester Anonymität etwas sagen. Ich versicherte ihm, unabhängig davon, ob er mit mir reden würde oder nicht, noch in derselben Woche diese Zusage durch einen Anwalt festschreiben zu lassen. Von diesem Moment an sollte ich meinen Nazi nur noch unter dem Pseudonym Stefan Salge nennen.

Stefan bat sich Bedenkzeit aus. Er schrieb sich meine Telefonnummer auf und versprach, mir spätestens in drei Tagen seine Entscheidung mitzuteilen.

2.

„So richtige deutsche Spießer"

Die Kameraden von der NPD

Gleich zu Anfang habe ich beim Stand der JN mitgemacht, der immer sonnabends, meistens vor Wertheim, aufgebaut wurde. Die meisten von uns waren da aber nicht, um zu diskutieren, sondern um sich mit den Roten zu prügeln. Gegenüber unserem Stand waren meistens KBW-Leute mit einem Info-Tisch. Wir haben dann manchmal so einen Trick angewandt: Zwei von uns sind rübergegangen, der eine hat dann den Nazi gespielt und der andere den empörten Antifaschisten. Das Ganze endete dann damit, daß der „Antifaschist" den Faschisten in den roten Stand warf, so daß der ganze Büchertisch auseinanderfiel. Dazu kamen außer den aktiven JN-Mitgliedern immer noch ein paar Idioten dazu, nur um sich zu prügeln. So richtige Buffer-Typen, so richtige deutsche Spießer. Das Ganze war für uns in erster Linie die Gruppe und die Schlägereien. Wir haben „Asterix und Obelix" gespielt, die ein Römerlager überfallen und dann von ihren Schlägereien berichten. Wenn wir uns mit den Roten geprügelt haben, haben wir nie verloren, sind wir nie abgehauen. Obwohl die Eisenstangen gehabt haben. Im allgemeinen sind die Roten feige.

Ende 1976 bin ich mit ein paar Leuten aus der JN in den Plenarsaal der Uni hineinmarschiert. Die Linken hatten da irgendeine Veranstaltung, die wir stören wollten. Das hat auch gut geklappt: Wir sind in den technischen Raum hineingegangen und haben zu dritt alle Lichter ausgemacht. Drinnen im Saal war gleich große Panik. Die Leute schrien: „Hier wimmelt's von Neo-Nazis!" Dann sind auch tatsächlich eine ganze Menge auf uns losgestürmt. Aber wir haben uns mit Gaspistolen den Weg freigeschossen und sind abgehauen. Das reinste Himmelfahrtskommando.

Geschlagen haben wir uns mit K-Gruppen, nie mit Jusos. Die K-Gruppen waren sehr aggressiv. Einmal haben sie mich sogar zu Hause auf dem Hof überfallen. Die haben mir auf dem Dach der Garagen aufgelauert, und als ich kam, sind sie über mich hergefallen. Ich hatte aber eine Knarre bei mir und habe einmal damit geschossen. Da sind die ganz schnell abgehauen. Wenn du nachts mal mit der Knarre rumballerst, glaubt kein Mensch, daß etwas Ernstes passiert.

Wir waren eigentlich ständig auf Überfälle gefaßt. Wir hatten extra einen telefonischen Notdienst eingerichtet – innerhalb von sieben Minuten hätten wir mindestens sechs Leute zusammenbekommen. Ich hatte zu dieser Zeit eine Gaspistole, mit der ich auch Mertens mal freigeschossen habe.

Ich weiß nicht so recht, ob das gegen die K-Leute ein richtiger Haß war. Einmal ist etwas ganz Komisches passiert. Da ist einer vom Kommunistischen Jugendverband zu uns gekommen, das ist der Jugendverband der KPD/ML. Der meinte: „Immer schlagen wir uns, wollen wir nicht mal was anderes machen?" Und er hat dann ein Fußballspiel vorgeschlagen. Das kam wohl auch deswegen, weil sie einen von uns, den Michael Meyer, ganz gut kannten. Wir haben dann in Linden tatsächlich zusammen Fußball gespielt, und hinterher haben wir uns auch nicht mehr angegriffen. Irgendwie haben wir gemerkt, daß wir auch außerhalb der Gesellschaft standen. Wir hatten die gleichen Gegner, die gleichen Probleme. Die schicken Linken haben wir immer als gefährlicher angesehen. Von den Schicken haben wir gesagt, das sind die ersten, die später ins KZ wandern. Das sind die Drahtzieher der jüdisch-bolschewistischen Verschwörung. Die anderen Roten – das war eher der Abschaum von der Straße.

Manchmal sind wir mit denen sogar gemeinsam auf die Polizei losgegangen. Mertens und ich sind zur ersten großen Brokdorf-Demonstration gefahren. Per Anhalter. Das war vielleicht ein Spaß: Natürlich haben uns nur Rote mitgenommen. Und so haben wir aus Angst, daß uns jemand wiedererkennt, unsere politische Meinung während der Fahrt mindestens viermal geändert. Tatsächlich ist dann auch ein Bus mit hannoverschen KBW-Leuten an uns herangefahren. Die haben uns in einem Wagen gesehen und waren drauf und dran auszusteigen. Stell dir das dumme Gesicht der Roten vor, wenn die eigenen Leute auf sie losgegangen wären.

In Brokdorf war dann auch Rechtsanwalt Röder mit seinen Leuten, alle voll uniformiert. Der war in der ganzen rechten Szene wegen seines Umwelt-Ticks bekannt. Wir fanden das lächerlich, und außerdem war er uns zu lasch. Wenn der einen Vortrag gehalten hat, sind wir aus Protest rausgegangen. Röder hat auch die Zusammenarbeit mit linken Gruppen propagiert, von wegen gemeinsamer Feind und so. Wir konnten aber nicht viel damit anfangen. In Brokdorf hatte er fünfzehn Leute bei sich. Über Megaphon hat er zum gemeinsamen Vorgehen mit den Linken aufgerufen. In den Ansätzen gab es immer wieder gemeinsame Aktionen.

In der ersten Zeit sind wir noch einmal die Woche zu den Parteisitzungen der NPD gegangen. Die hatten total kein Niveau. Das war ganz furchtbar. Vertrocknete, leere Menschen. Die haben sich in einer Gaststätte getroffen, so zwanzig bis dreißig Leute. Es wurde viel gepichelt, meistens war es sehr langweilig. Die haben viel über interne Streitigkeiten diskutiert, richtige Spießer waren das und viele Altnazis.

1976 war da so eine Geschichte mit einem Brandsatz auf einen roten Buchladen. Ich habe davon gehört, daß irgend etwas gebrannt hat in einer Plastiktüte. Ansonsten hatten wir unsere Gegner vor allem in roten Lehrern und Schülern. An meiner Schule habe ich besonders die ganzen Langhaarigen und die Parka-Träger mit ihren AKW-Plaketten verschmäht. Juden eigentlich nicht so sehr, da ich jüdische Bekannte habe. Die ganze antijüdische Einstellung in der Gruppe lag mir nicht so.

Einmal gab es einen Vorfall mit einem jüdischen Jungen, der hieß Andreas. Er hat zusammen mit Schulze in einem Briefmarkengeschäft gearbeitet. Für uns war das ein Judenlakai, der war immer spitz auf Tips für die Polizei. Sein Vater war Hausmeister in der jüdischen Gemeinde. Mertens und einige Kameraden aus Hamburg haben sich eines Tages in der Diskothek *Alter Ego* mit ihm geschlagen.

An verschiedenen Sprühaktionen war ich auch beteiligt. Der 20. April – Führers Geburtstag – zum Beispiel war immer ein hoher Feiertag für uns. Ein Tag vorher sind wir mit viel Farbe, Kleister und Plakaten losgezogen. So haben wir immer angefangen. Einige von uns haben aus der Wohnung die schwarzweißrote Fahne rausgehängt. Am Geburtstag selber haben wir viel getrunken und uns abends alte Filme angeschaut. Vor allem aber viel getrunken – auf bessere Zeiten. Ich bin auch mal bei einer Sonnenwendfeier gewesen. Da hockten dann viele gescheiterte Existenzen rum, die diese ganze Atmosphäre einfach brauchten.

Organisierte Truppen hatten wir am Anfang nicht. Wir sind höchstens mal mit JN-Leuten zu irgendwelchen Lagern gefahren. So etwas hat sich immer nur innerhalb der norddeutschen Szene abgespielt. Wir sind dann mal mit sechs Personen und zwei Zelten losgefahren. In voller Uniform haben wir zunächst die Zelte aufgebaut und die Autos unter Laub getarnt. Dort haben wir dann Übungen gemacht, vor allem im Nahkampf. Meistens endete das mit irgendwelchem

Blödsinn. Wir haben Ruderboote in der Umgebung entführt und nach einer Wasserschlacht versenkt. Am Abend haben wir Lagerfeuer gemacht und dabei gegrillt und gesungen. Es herrschte immer euphorische Stimmung. So etwas wie der Hitlergruß gehörte zum Standard. Wir haben darüber geredet, was wir alles machen wollten. Natürlich auch über Vorbilder aus der Nazi-Zeit, zum Beispiel über den Fallschirmspringer Skorzeny. Auch Privates kam manchmal zur Sprache.

Besonders schlimm fanden wir SPD-Politiker. Das sind die Schlimmsten: Schmidt und Brandt – das sind doch beide kommunistische Widerstandskämpfer. Und dann natürlich Wehner. Der ist ja ein Agent Moskaus und auch noch ein Exkommunist, oder vielleicht auch gar nicht so sehr ex.

CDU-Politiker waren uns auch unsympathisch, weil sie zwar einerseits die Regierung hart ablehnen – was ja richtig ist; andererseits haben sie sich auch der Umerziehungslüge bedient und ihre Politik darauf aufgebaut. Von der Tendenz her ist die CDU/CSU schon in Ordnung. Aber uns hat gestört, daß sie Verrat an der deutschen Sache begangen haben und auch gegen nationale Parteien waren. Irgendwie ist bei denen Schwäche Mittel zum Zweck. Wir haben immer gesagt, daß auch viele echte Nazis in der CDU sitzen, die aber nur aus Bequemlichkeit in der Partei sind und nicht den Mut haben, den unbequemen Weg zu gehen. Furchtbar viele Wähler würden etwas anderes wählen, wenn es die Fünf-Prozent-Hürde nicht gäbe.

Ein Jahr lang war ich Mitglied der Jungen Nationaldemokraten, also an die NPD gebunden. Schon nach wenigen Monaten aber hörten wir etwas von der NSDAP. Bereits 1976 tauchten die ersten NSDAP-Plakate auf. Das ganze Material kam aus Amerika.

In Lincoln/Nebraska sitzt dieser „Gary" Lauck, der den *NS-Kampfruf* herausgibt. Günther Schulze war der erste aus Hannover, der mit ihm Kontakt aufgenommen hatte. Später erfuhr ich, daß auch Paul Otte, Hans-Dieter Lepzien und Michael Kühnen Lauck persönlich kannten. Man kann da also hinschreiben, um einen Förderausweis für die NSDAP zu bekommen. Dann muß man monatlich einen Beitrag bezahlen. Oder du bestellst nur Aufkleber oder Plakate und anderes Propagandamaterial. Bei der ersten Sendung, die man aus den USA bekommt, steht dann irgendwo, meistens auf dem Kopf des *NS-Kampfrufes*, eine Zahl. Das ist eine Sicherheitsmaßnahme: Wenn du das nächste Mal etwas bestellst oder einen Bericht aus Deutschland rüberschickst, brauchst du nur deine Nummer anzugeben. Wenn der Brief abgefangen wird, kann der Verfassungsschutz nicht herausbekommen, wer ihn abgeschickt hat. Es ist oft vorgekommen, daß sowohl Post aus Deutschland als auch aus den USA überhaupt nicht angekommen ist.

Ich war von Anfang an dabei. Die NPD war mir zu langweilig geworden, mit den Alten lief nichts. In Hannover schlossen sich der NSDAP nur vier Leute an. Außer mir noch Meyer, Mertens und Schulze. Die anderen aus der JN haben nicht mehr mitgemacht. Wir waren radikaler und bekannten uns ganz offen zum Nationalsozialismus. Die Arbeit im Untergrund erschien uns interessanter als die Parteiarbeit. Schon bald sind wir immer offener als Nazis aufgetreten, haben nächtliche Klebeaktionen gestartet.

Es kamen dann auch schnell die ersten Hausdurchsuchungen, meistens morgens um sechs. Ganz harmlos klingelten zwei Leute an der Tür. Oft kannten wir die schon. Wir haben ganz freundschaftlich miteinander geredet. Ich habe dann auch immer gefragt: „Na, was sucht ihr denn heute?" Wir haben ein ganzes Verzeichnis von Polizisten gehabt, vor allem, weil wir den Polizeifunk abgehört hatten. Bei mir haben sie nie etwas gefunden. Bei den anderen dagegen haben sie oft Plakate und anderes NSDAP-Material mitgenommen.

Nach diesen Hausdurchsuchungen fühlte ich mich ganz enorm geschmeichelt. Vor der Öffentlichkeit stand man als harter Nazi da.

Ein paarmal haben die Bullen versucht, uns zu infiltrieren. Da kam so ein Typ an den Stand und zeigte für unsere Gruppe Interesse. Aber das haben wir gleich gemerkt; das waren Leute, die nicht zu uns paßten, älter, irgendwie ausgereifter. Anfang 1977 fingen dann die ersten Beschattungen an. Das haben die immer ungemein bescheuert angestellt. Vor der Haustür stand dann ein Opel Rekord oder ein Mercedes 200 oder 230. Meistens saßen zwei Leute drin, so um die dreißig

Jahre. Ich bin sogar noch hingegangen und habe „Guten Abend“ gesagt. Und die meinten dann: „Na, Herr Salge, Sie haben doch wohl nichts Dummes vor?“ Wir haben dann die Bullen regelmäßig abgehängt, und dann ging's erst richtig los. Die waren unvorstellbar dumm.

Später passierte dann ein Ding, das haben die äußerst sauber gemacht. Da habe ich mal in einem Café in der City gesessen und habe vor mehreren Leuten etwas von einer Bombe erzählt. Bei einem Verhör habe ich später mitbekommen, daß die Polizei durch diese Äußerung erst darauf gekommen ist, daß der Anschlag von Rechten verübt worden war. Aber am Anfang war das noch so, daß die Bullen uns Sympathie entgegenbrachten. Vor allem wegen unserer antikommunistischen Haltung. Wir waren zu ihnen immer freundlich. Zu der Zeit haben wir noch ein Doppelleben geführt: Tagsüber waren wir die legalen Nationaldemokraten, abends dann die harten NSDAP-Anhänger. Später, als wir fast nur noch als uniformierte Neo-Nazis aufgetreten sind, hat sich die Taktik der Polizei verändert. Die haben uns mit den Roten in einen Pott geworfen und haben auch mal auf uns eingeschlagen.

Schrecklich viel Gemeinsamkeit

Drei Tage nach unserem ersten Wortwechsel vor der Justizvollzugsanstalt kam tatsächlich der versprochene Anruf. Stefan bot mir lakonisch an, wir könnten es ja mal versuchen. Und das, obwohl er angab, daß er gleich am nächsten Tag zur Gefängnisleitung gerufen worden war, die ihm – o Wunderwerk moderner Kommunikationstechniken! – sein Zusammentreffen mit einem Journalisten vorgehalten und ihn ermahnt hatte, solche Kontakte künftig zu unterlassen.

So spielten wir bei unserem ersten Treffen ein bißchen „Starsky und Hutch" und verabredeten uns meist auf dem unübersichtlichen Bahnhofsplatz, von wo aus wir dann schnell davonrasten. Stefan versicherte mir, ganz profimäßig, falls uns danach jemand auf der Spur bleiben sollte, würde ihm das sofort auffallen.

Bei unseren ersten drei Gesprächen redeten wir noch ausschließlich über seinen Einstieg und seine Zeit in der Nazi-Szene. Salge hatte sich jede Tonbandaufzeichnung verbeten, und so bemühte ich mich, das, was er sagte, wörtlich mitzuschreiben, was mir nur am Anfang Mühe bereitete, als die Fragen noch Sachpunkte wie bestimmte Aktionen, an denen er teilgenommen hatte, Namen und Organisationen von Rechtsextremisten, Verhaftungen und Prozesse berührten. Dann spulte er seine Antworten schnell und druckreif ab. Man merkte ihm hierbei die bei unzähligen Verhören und Gerichtsverfahren gewonnene Routine an. Als ich aber später von diesem ihm wohlvertrauten Befragungsschema abwich, zeigte Stefan eine mir zunächst unbegreifliche Unbeholfenheit.

Er stockte, machte lange Pausen zum Überlegen, in denen er immer ganz starr und bedrohlich wirkte. Und wenn dann eine Antwort kam, war das oft nur ein Satzfragment, mühsam herausgespuckt, und jede weitere Erläuterung mußte aus ihm wie mit dem Korkenzieher herausgezogen werden. Aber das wenige, was er sagte, war gestochen scharf, wenn auch nicht immer lange gültig. Einige Tage später machte er in seiner Meinung oft eine Kehrtwendung um 180 Grad, was schnell eine seiner Grundeigenschaften verriet: Alles, was seine persönliche Entwicklung anbelangte, seine Ängste, seine Ziele, seine Hoffnungen, die Gründe für seine Handlungen, war für ihn weitgehend Neuland, zu dem ihm spontan wenig einfiel, außer jenen reichlich idealtypischen psychologischen Erklärungen, die er von dem Gutachten vor Gericht aufgeschnappt hatte und die er sich gelegentlich bei seinen eigenen Ausführungen zu eigen machte.

In dem Maße, wie ich diese Schwierigkeit von Stefan durchschaute, flaute mein Interesse an der Schilderung seiner gerichtsnotorisch gewordenen Taten ab und steigerte sich statt dessen meine Neugier zu erfahren, wie er einst dazu gekommen war. Das Problem war jetzt, Stefan dazu zu bringen, den ursprünglich verabredeten Gesprächsfaden, allein über seine Stationen als Neo-Nazi zu reden, zu verlassen.

Ich begann beim vierten Treffen, ihn in dieser Richtung auszufragen. Stefan merkte sofort, was ich spielte, und eigentlich war mir das auch ganz recht so, weil es mir das Gefühl nahm, ihn in meiner Absicht hinters Licht zu führen.

Das hieß natürlich nicht, daß Stefan darauf begeistert und ohne zu zögern eingegangen wäre. Später gestand er mir, daß er während dieser Anfangsphase oft daran gedacht habe, die Treffen mit mir einzustellen und alles, was er bis dahin gesagt hatte, zu widerrufen. Aber sosehr ich ihn mit Fragen auch malträtierte – er blieb schließlich bei der Stange. Auch dann, als mir selbst nach einer endlosen Reihe von Fragen zu seiner Familie Skrupel kamen und ich ihn aufforderte, er solle ruhig protestieren, wenn er die Nase voll hätte. Aber Stefan schüttelte den Kopf und sagte, ihn würde das auch interessieren, er hätte über so etwas noch nie richtig nachgedacht.

Vielleicht war das der Hauptgrund, daß er die Inquisition über sein Leben fast ein Jahr bereitwillig mitgemacht hat. Denn nahezu alle anderen Beweggründe, die ich mir vorgestellt hatte, fielen nach und nach flach. Geldgier konnte es unmöglich sein, weil ich ihm weder für die Zeit unserer Gespräche noch für den Fall einer Veröffentlichung seiner Geschichte eine Vergütung versprochen hatte. Der Wunsch, sich vor der Öffentlichkeit durch eine Art Geständnis reinzuwaschen oder mit den alten Kameraden abzurechnen, ebensowenig, da er mir mehrmals, wie auch in seiner Geschichte nachzulesen ist, versicherte, er hätte sich weder in der Vergangenheit jemals als Verräter verhalten, noch wolle er sich in Zukunft als solcher fühlen. Nicht einmal meine hartnäckige Vermutung, es würde seiner Eitelkeit trotz aller gegenteiligen Beteuerungen eines Tages doch schmeicheln, Resonanz in den Medien zu finden, sollte sich am Ende bewahrheiten. Bis zuletzt war Stefan peinlich genau darauf bedacht, alle Hinweise, die eine Identifizierung für seine jetzige Umgebung möglich gemacht hätten, zu verwischen.

So glaube ich, daß ihn vor allem die Möglichkeit, ein Stück Vergangenheit aufzuarbeiten, die Neugier auf ein Stück Selbsterforschung dazu bewegte, vor mir auszupacken, mag es sich im Ergebnis auch noch sehr ungehobelt und fragmentarisch ausnehmen.

Dabei erlebte ich Momente, in denen es mir vorkam, als würde mir das, was ich bis dahin über die Psychologie des Nationalsozialismus gelesen hatte, sozusagen in direkter Rede bestätigt werden, nur noch viel eindrucksvoller, weil es nicht in Form der schlauen, wohlformulierten Erkenntnis einer wissenschaftlichen Fallstudie daherkam. Es gab andere Situationen, in denen mir Stefan mit verblüffendem Scharfblick selbst psychologische Erklärungen für seine Entwicklung lieferte, die so sehr den Kern seiner Persönlichkeit trafen, daß er sich, Monate später, nicht mehr daran erinnern mochte. Eines Tages, als wir gerade fürstlich gegessen hatten, fragte ich ihn, nachdem mir schon mehrmals sein stereotypes Schwärmen von einem angeblich so friedlichen und entspannten Verhältnis zu seinen Eltern aufgestoßen war, ganz unvermittelt, weshalb er eigentlich so sauer auf sie sei. Da antwortete Stefan, ohne zu zögern: „Ich glaube, unbewußt nehme ich meinem Vater übel, daß er keine Karriere gemacht hat, obwohl er hochintelligent ist."

Natürlich spürte auch ich zunächst ein flaues Gefühl im Magen bei dem Gedanken, mich mit dem politischen Phänomen des Neo-Nazismus auf dieser individuellen, psychologisierenden Ebene einzulassen. Ein wohlmeinender, engagierter Freund, den ich bereits während meiner Treffen mit Salge ins Vertrauen gezogen hatte, meinte, wie auch andere, ihn interessiere nicht, wann und warum ein Jugendlicher „Heil Hitler" schreit, sondern nur, wer die neuen und alten Rechten sind, um sie so effektiv wie möglich bekämpfen zu können. Dahinter steckt die Einschätzung, daß man in Deutschland nach der nationalsozialistischen Vergangenheit keinem Rechtsextremisten mehr ein Forum schaffen dürfe zur Propagierung von unheilvollen politischen Hirngespinsten.

Aber genau diese in der Berichterstattung vorherrschende Neigung, das Phänomen der Neo-Nazis an den Pranger zu stellen, ohne es, wenn es nun einmal da ist, mit all seinen

Komponenten wahrnehmen zu wollen, das Bedürfnis, davor zu warnen und dabei so tun, als ob diese neuen Rechtsextremisten Wesen von einem anderen Stern sind und zudem so bedrohlich, daß man über sie nur durch den schützenden Filter von Kommentaren, Interpretationen und Distanzierungen schreiben darf, auf daß niemals der Eindruck entstehe, diese Neo-Nazis stammten womöglich aus unserer eigenen Mitte – all dies schien mir plötzlich den politischen Horrortrip Stefans weder in der Vergangenheit vermieden zu haben, noch in der Gegenwart erklären zu helfen.

Selbst wenn ich mit dem Vorsatz drangegangen wäre, Stefan nur in der Hoffnung auszuhorchen, ihm bislang verborgen gebliebene Informationen über Organisationsstruktur,

Finanzierungsmethoden oder internationale Querverbindungen des rechten Untergrunds entlocken zu können, und vorausgesetzt, dieser wäre überhaupt in der Lage gewesen, etwas Neues darüber zu erzählen, ich hätte dieses Vorhaben spätestens nach dem fünften Treffen aufgegeben, weil mir nur allzu bewußt geworden war, daß alles, was Stefan mir als unmittelbar Betroffener über sich und sein ehemaliges politisches Umfeld berichtete, viel spannender war als das, was ich jemals zuvor, durch das voreingenommene Auge des Reporters oder des Wissenschaftlers beobachtet, darüber gelesen hatte, und zudem mich selbst in einer Weise einnahm, die es mir unmöglich machte, ihn mit einer kühl abgezirkelten Befragungsstrategie in die Mangel zu nehmen, um dann über einen Gleichaltrigen den Stab brechen zu können.

Aus diesen Empfindungen heraus entwickelte sich langsam die Idee, die Geschichte eines Neo-Nazis in Form einer im Originalton belassenen Schilderung seiner politischen Aktionen und Ideen, seiner Erziehung und seines Lebensgefühls zu erzählen, wobei ich als einzigen Eingriff von außen das, was Salge mir bei den verschiedensten Gelegenheiten gesagt hatte, zu Themeneinheiten zusammenziehen würde, ohne den ursprünglichen Wortlaut zu verändern. Auch Stefan war von dem Vorschlag angetan und kommentierte: „Noch nie ist ein Neo-Nazi durch sich selbst erklärt worden."

Daß sich der Text am Ende bisweilen so lesen sollte, als hätte man das Pubertätstagebuch eines beliebigen Schulkameraden aufgeschlagen, dann wiederum wie ein Destillat aus der Propaganda von *NS-Kampfruf, Deutsche Nationalzeitung* und dem NPD-Blättchen *Deutsche Stimme*, ist nicht das Resultat von stilistischen Manipulationen oder gar entstellender Kürzungen und Zusätze, sondern gibt genau die Gesprächskontraste unserer Treffen wieder, die auch für mich Anlaß ständiger emotionaler Wechselbäder waren.

Es begann mit großem Staunen nicht nur über das, was Stefan mir erzählte, sondern über die Tatsache, daß er überhaupt etwas erzählte. Die Neugier und das Interesse daran vermischten sich unvermeidlich mit Sympathie, als ich merkte, daß das vermeintliche Monster, dessen bloße Vorstellung mir einst vor Wut und Empörung die Knie zittern ließ, plötzlich ganz menschliche, vertraute Züge hervorkehrte, bis mir schließlich das Gespräch mit diesem Terroristen beinahe alltäglich erschien.

Ebenso schnell, wie sich dieses Gefühl einstellte, kippte es allerdings auch wieder um. Nach drei Monaten unserer Zusammentreffen kamen wir erstmals auf die Ideologie der Gruppen zu sprechen, in denen Salge mitgemischt hatte. Da

kochte plötzlich der ganze Wulst von Hitler-Verherrlichung und Greuelverleugnung, der ganze Mief engstirniger Vorurteile und Feindbilder hoch. Und plötzlich hatte die Vergangenheit, mit der sich für beide Seiten so pflegeleicht umgehen ließ, die Gegenwart eingeholt. Denn Stefan nahm das, was durch eine Frage nach der politischen Schulung in rechten Gruppen ausgelöst worden war, in die Beschreibung seiner heutigen Ansichten auf und redete auf einmal nicht mehr von „damals dachten wir", sondern von „ich glaube". Ich war an diesem Tag so geschockt, daß mir während des Gesprächs auf der Toilette schlecht wurde.

Ähnlich erging es mir, als wir uns einmal während seines Hafturlaubs in der Wohnung von Stefan getroffen hatten. Am frühen Abend brach er das Gespräch ab, weil er sich zum Ausgehen fertigmachen wollte. Während er stolz einen neuen Seidenanzug aus dem Schrank holte, schaltete ich den Fernseher ein. Im zweiten Programm lief eine Serie über die Verfolgung einer jüdischen Familie im Dritten Reich. Es war eine besonders traurige Episode, weil die Trennung eines kleinen jüdischen Mädchens von ihrem „arischen" Schulfreund gezeigt wurde. Ich starrte ziemlich mitgenommen auf den Bildschirm, und der Ton war dabei so laut aufgedreht, daß Stefan der Inhalt der Sendung nicht einmal dann entgangen sein dürfte, als er sich gerade im Badezimmer parfümierte. Doch wann immer ich ihn zu Gesicht bekam, wirkte er so unbeteiligt, als hätte er Oropax in den Ohren. Als er beim Binden der Krawatte angelangt war, steuerte der Film auf seinen dramatischen Höhepunkt zu, und das kleine Mädchen weinte so herzzerreißend, daß sich auch die berühmten Steine gerührt gezeigt hätten. Nicht jedoch Stefan. Endlich machte er ein paar Schritte in meine Richtung, so daß er gerade eben auf den Bildschirm schielen konnte, und sagte verächtlich: „Da läuft ja wieder diese Judenpropaganda!"

In solchen Momenten wünschte ich Stefan alle Haftstrafen dieser Welt an den Hals, und ich selbst kam mir vor wie der schleimigste aller Schreibtischtäter, daß ich mich auf diese Type überhaupt eingelassen hatte. Und in was für einem Ton erst! Ich weiß noch, wie entsetzt mein Bruder reagierte, als er einmal Zeuge eines Telefonats zwischen mir und meinem Nazi wurde: „Du hast dich ja ganz schön verändert, daß du jetzt schon Faschisten danach fragst, wie es ihnen geht", kommentierte er bissig.

Dabei zeigte mir die gefühlsmäßige Verkümmerung, die Stefan durch solche Äußerungen zu erkennen gab, zwar eine der grundlegenden Eigenschaften, die aus ihm einen Hitler-Fan machen konnten: Die Faszination für das Nazi-Deutschland ist nur um den Preis der Verleugnung seiner Greuel möglich bei gleichzeitiger Bewunderung eben seines Sadismus, seiner Brutalität und Menschenverachtung, wie Salge

wenigstens in bezug auf seine Kameraden später zugibt. Sie verriet sich aber auch in einem rührenden Bedürfnis nach freundschaftlicher Zuwendung, das mich, je unbeholfener es sich zeigte, um so nachsichtiger machte und die furchtbaren Sätze über „Auschwitzlüge" und „Umerziehungspropaganda" als die andere Seite ein und derselben Medaille in eine menschlich verständliche Dimension rückten.

Schon bald begann Stefan mir mit kleinen, vorsichtig dosierten Liebesbeweisen seine Zuneigung zu zeigen: Einmal, als mir mitten auf der Stadtautobahn das Benzin ausgegangen war, wartete er über eine halbe Stunde lang treu auf mein Eintreffen, obwohl es regnete und die Verzögerung ihn die Mittagspause kostete. Als nächstes schenkte er mir Hunderte von Streichholzschachteln, die er sich, wie er mir erklärte, irgendwo „besorgt" hatte, bis er mir eines Tages voller Stolz sogar eine kostbare Flasche italienischen Weins überreichte. Schließlich gab er seine Freundschaft zu mir auch als Grund für die geduldige Mitarbeit an seiner Geschichte aus. Und eigentlich erwiderte ich stellenweise diese freundschaftlichen Empfindungen schon deswegen, weil es mich richtig euphorisch stimmte, daß so etwas überhaupt möglich ist, obwohl ich für ihn äußerlich genau das Gegenteil von alldem verkörpern mußte, dem er sich verschrieben hatte, da ich, schon allein um möglichst erschöpfende Antworten zu provozieren, zu jeder seiner Meinungen genau den entgegengesetzten Standpunkt einnahm.

Das hieß allerdings noch lange nicht, daß ich mit den Eigenschaften und Schwierigkeiten des Neo-Nazis Stefan auch tatsächlich nicht das geringste zu tun hatte. Denn sosehr ich mich Salge vordergründig durch meine Beschränkung auf Fragen in vornehmer Überlegenheit präsentieren konnte, so sehr merkte ich mit wachsendem Unbehagen, daß ich mich in vielem, was Stefan sagte, wiederfand, schlimmer noch – ich fand manches richtig anziehend. Sein Bedürfnis etwa, Sicherheit und Geborgenheit in einer hermetisch abgeriegelten

Gruppe zu finden, die nach ihren eigenen Gesetzen lebt, erst im Kreis der Rechtsradikalen, später in der Gruppe seiner halbseidenen Freunde, die „unter sich bleiben wollen" – wo ist da eigentlich der grundsätzliche Unterschied zu meinen Träumen als Sechzehnjähriger, als ich meine Bedürfnisse nach Allmacht, Reichtum und Abenteuer recht verklemmt dadurch auszutoben versuchte, daß ich mir vor dem Schlafengehen ausmalte, der Chef einer großen Mafia-Familie zu sein, der mit Mord, Ausbeutung und Bestechung sein Reich aufrechterhält?

Wie sehr habe ich mich erst geschämt, als ich, der jahrelang in vertrackten Zweierkisten und in unzähligen aufgeklärten Diskussionsrunden über alle Spielarten männlicher Irrungen

und Wirrungen reflektiert zu haben glaubte, plötzlich merkte, wie mich Stefans rüdes, unreifes, auf den Sex beschränktes Verhältnis zu Frauen faszinierte, weil er darin ganz schamlos Dinge offenlegte, die mir nur deswegen fremd zu sein schienen, weil ich sie vorher nicht wahrnehmen wollte. Eines Mittags, als wir gerade zum Essen gehen wollten, trafen wir in der Stadt ein Mädchen aus jenen Kreisen, zu denen Stefan um jeden Preis gehören wollte und über die er mir bereits so viel erzählt hatte. Nach einem kurzen Wortwechsel lud uns die aufgemotzte Blondine bereits ein, noch am selben Tag bei ihr vorbeizuschauen. Da drehte sich Stefan zu mir um und fragte: „Willst du lieber essen oder lieber bumsen?“ Natürlich entschied ich mich für das erste, aber nur deswegen, um mir vor ihm nicht diese Blöße zu geben. So begnügte ich mich auch weiterhin, seinen Erzählungen von Abenteuern mit Mädchen, denen scheinbar allein luxuriöse Statussymbole ausreichten, um den krudesten Chauvi-Träumen bereitwillig nachzugeben, mit geradezu voyeuristischer Neugier zu folgen.

War es schließlich unbedingt Stefan anzulasten, daß ich die Vorwürfe und die Wut gegen das Unverständnis meiner Eltern, gegen die Schwäche meines Vaters anders kanalisieren konnte als mit Banküberfällen, Führer-Kult und Bombenanschlägen, wenn man mit Proust auf dem Wickeltisch und Mozart als kleine Kack-Musik beim Töpfchenmachen aufwächst?

Gewiß machte der gemeinsame Ansatz mit vielen Problemen von Stefan aus mir noch keinen potentiellen Neo-Nazi, genausowenig wie die überall verbreiteten Kontaktschwierigkeiten in der Kindheit, so wie sie Stefan beklagte, die Mehrheit der Jugendlichen später in militante Rechtsextremisten verwandeln.

Aber hieß das auch, daß ich in meinen Beziehungen, in meinem Umgang mit anderen Menschen, in meiner Suche nach Autoritäten, in meinen Vorstellungen über Karriere und Selbstverwirklichung völlig abwich von den psychologischen Mechanismen, denen gleichaltrige Rechtsradikale nur viel krasser und plumper unterliegen?

Diese Frage interessierte mich plötzlich viel mehr als das Detailwissen über Odalsrunen und Liederabende unter Hitler-Freunden und machte mich eine ganze Weile sehr nachdenklich, sehr vorsichtig in meinen Urteilen – auch, gerade Stefan gegenüber.

3.

„Mit der RAF verband uns ein gemeinsamer Feind“

Die Aktionen werden radikaler

Der große Einschnitt in meinem Leben kam beim NPD-Parteitag, im März 1977. Sonnabends um 12 Uhr führten wir eine JN-Kundgebung am Kröpcke durch. Schon da begannen die Roten ihre Störaktionen. Danach sind wir geschlossen zum Bundesparteitag der NPD in die Niedersachsenhalle marschiert. Bis gegen 17 Uhr hörte ich zu. Dann ging ich mit den anderen zur JN-Kundgebung vor dem Neuen Rathaus. Wir waren etwa vierzig bis hundert Mann. Um uns baute sich die Polizei zu einer riesigen Kette auf. Um die Polizisten wiederum standen Hunderte von roten Gegendemonstranten. Diese Abriegelung gab uns gleich immer die Entschuldigung dafür, daß nur so wenige Leute zu unseren Veranstaltungen kamen. Während der Kundgebung entstanden bereits die ersten Handgreiflichkeiten. Anschließend sind wir mit Fackeln zurück in die Niedersachsenhalle zum Kameradschaftsabend gezogen. Bei unseren Auftritten in der Öffentlichkeit haben wir uns immer als Demokraten vorgestellt, als solche gefühlt haben wir uns natürlich nicht.

Den ganzen Tag lang hatten wir schon die Idee mit uns herumgetragen, abends das KBW-Haus in der Hindenburgstraße zu überfallen, als Vergeltungsaktion für die ständigen Störungen. Gegen 21 Uhr waren wir so richtig in Stimmung gekommen. Vor der Niedersachsenhalle standen etwa drei VW-Busse mit Bullen. Die haben gemerkt, daß wir etwas vorhatten. Zwei, drei Polizisten kamen auf uns zu und verwickelten vier von uns – darunter Mertens – in ein Gespräch. Sie fragten uns: „Was habt ihr vor?" Wir haben geantwortet: „Wir gehen gucken, was unsere roten Freunde machen." – Da haben die Polizisten gesagt: „Ihr habt genau zwei Stunden Zeit. Wir unternehmen nichts." – Damals war bei den Bullen noch dieser Haß wegen Brokdorf drin. Die haben sich richtig gefreut, daß wir denen was abgenommen haben.

Wir marschierten also los, genau 22 Leute, die auserlesensten unter den Parteitagsleuten. Michael Kühnen und ein paar andere Hamburger haben auch mitgemacht. Wir hatten Gummiknüppel und eine Axt dabei. Zunächst haben wir uns in die Eilenriede verzogen und uns besprochen. Dann haben wir zwei Einsatzgruppen gebildet. Drei Leute sind zum KBW-Haus vorgeprescht und haben an der Tür geklingelt. Als niemand aufmachte, haben wir Randale angefangen. Das ganze KBW-Haus war voller Leute, die haben da irgendeine Veranstaltung abgehalten. Unser Plan war es, die Leute rauszulocken und dann zu verprügeln. Das hat aber nicht geklappt.

Also sind wir auf die Straße gegangen und haben Pflastersteine aus dem Boden gerissen. Dann haben wir das Haus und Autos von KBW-Leuten bombardiert. Damals hatten die noch keine Fensterläden. Dann hat einer die Axt rausgeholt und die Tür eingeschlagen. Die Roten haben angefangen mit Feuerlöschern zu sprühen. Auf der Straße hielten Autos und Straßenbahnen. Wir sind ins Haus gestürmt. Drinnen waren ungefähr hundert Leute – völlig starr vor Entsetzen. Die haben geglaubt, wir seien viel mehr und daß das ganze Haus umstellt wäre. Alles, was uns im Wege stand, haben wir erst mal niedergeschlagen. Erst waren wir im Unterge-

schoß, dann sind wir hochgegangen. Dort haben wir den Anführer von denen gefunden und haben ihn einfach aus dem ersten Stock geworfen. Die Frauen haben wir eigentlich in Ruhe gelassen, aber ein Mädchen hat durch einen Steinwurf fast ein Auge verloren. Wir haben kaum etwas abbekommen, dazu waren die viel zu geschockt. Dann haben wir uns langsam zurückgezogen und dabei wieder mit Steinen geworfen.

Als etwa zwei Stunden rum waren, sahen wir in der Ferne langsam die Polizei anrücken, ganz gemütlich, etwa mit Tempo 20 oder 30. Die kamen in der Kolonne, so sieben oder acht Wagen. Wir haben reichlich Zeit gehabt, um wieder abzuziehen. Als wir bei der Niedersachsenhalle ankamen, wurden wir von einem Polizisten gegrüßt und gelobt: „Prima gemacht, Jungs!" – Wir haben viel Spaß gehabt an diesem Abend. Einer hat dann noch Hähnchen geholt vom Wienerwald, und die Polizei hat auch davon gegessen. Zur Feier des Tages haben wir noch anonyme Anrufe geführt und Roten mit dem Tod gedroht.

Am nächsten Tag habe ich Paul Otte kennengelernt. Obwohl das offiziell verboten war, bin ich zum Parteitag mit schwarzweißroter Fahne und Uniform gegangen. Otte fand das wohl ganz toll und hat mich angesprochen. Er hat mich sehr fasziniert: Er wirkte hart, radikal, einer, der voll zum Nationalsozialismus stand. Er war eine Autoritätsperson, ein Führer-Typ. Äußerlich ist er klein und untersetzt, einfach hat er gewirkt. Er sagte zu mir: „Setz dich doch zu uns an den Tisch!" – Da saßen noch drei Leute aus Peine und aus Braunschweig. Dann hat er mich gefragt, ob ich schon etwas von der NSDAP/AO gehört habe. Er selber und die anderen stellten sich als hohe Funktionäre vor. Ich habe geantwortet, daß wir uns als halbe Mitglieder fühlten. Lepzien war auch dabei. Er wirkte etwas mißtrauisch. Wir haben etwa eine halbe Stunde miteinander gesprochen. Otte sagte, wir müßten uns unbedingt wieder treffen. Er wollte auch Schulze kennenlernen.

Gleich im April hatte ich erneut Kontakt zu Otte und Lepzien. Wir haben eine Art Bestandsaufnahme gemacht. Unsere späteren Treffs und viele Aktionen haben wir meist telefonisch vereinbart. Besonders vorsichtig waren wir dabei nicht. Wir hatten uns lediglich Decknamen zugelegt, richtig schöne deutsche Namen.

Otte wohnte in einer Dachwohnung, ziemlich bescheiden, kleinbürgerlich. Wenn wir kamen, waren auch seine Frau und seine Kinder anwesend, die so zwischen 2 und 14 Jahre alt waren. Zur Begrüßung gab es erst einmal ein markiges „Heil Hitler". Dann ging es immer sehr kameradschaftlich zu. Man kam sich wichtig vor, so wie ein Verschwörer. Versammelt haben wir uns meist im Wohnzimmer, ein kleines, langweiliges Zimmer mit abgeschabten Möbeln. An den Wänden hingen keine Plakate oder irgend etwas in der Richtung. Meistens setzten wir uns an einen Tisch. Otte hat dann zu seiner Frau gesagt: „Geh doch bitte raus!" Die Frau hat dann Essen gemacht, belegte Brote mit Mettwurst. Zu trinken gab es Bier und Cola. Drogen waren völlig verpönt. So etwas wurde als Schwäche ausgelegt. Ottes Klamotten waren bescheiden, eher C&A-Sachen. Er trug meistens schwarze oder braune Cordhosen. Fast immer hat er furchtbar viel gesoffen.

Wir aus Hannover haben uns irgendwie ernster verhalten, wir haben uns immer bemüht, einen besseren Eindruck zu machen. Otte hat so getan, als ob er wegen seiner Arbeit für die Partei keinem Beruf nachgehen könne. Lepzien war von der Kleidung her der gleiche Typ wie Otte. Er ist ein bißchen jünger und hatte immer mehr Geld bei sich. Wir wissen ja jetzt, warum. Er ist nicht so ein Poltertyp wie Otte, sondern still und zurückhaltend. Wir haben das so gedeutet, als ob das kalte Berechnung wäre – Lepzien, der Mann im Hintergrund. Er fuhr einen Mercedes 250, der aber schon reichlich angerostet war. Otte hatte kein Auto. Das war ein bißchen eine Enttäuschung, daß nur einfache Leute der Partei angehörten. Deswegen hat Otte wohl immer versucht, Eindruck zu schinden. Schwul war er allerdings nicht, denn das war bei uns verpönt. So etwas wäre sofort rausgeflogen.

Die Treffs bei Otte haben meistens zwei Stunden gedauert. Er war eigentlich derjenige, der uns bei Laune hielt. Die anderen aus der Braunschweiger Szene hatten ein unglaublich niedriges Niveau: Otte hatte Alte, Kaputte, Dumme, Alkoholiker, Beschränkte und Stadtstreicher angeheuert. Bei denen war es natürlich entsprechend leicht, anzukommen. Solange ich zur Braunschweiger Gruppe Kontakt hatte, kannte ich nur drei von denen. Als ich später abgesprungen bin, wurden es mehr Leute. Otte hat sie alle angeheuert. Auf seine Weise ist er schon eine Art Verführer. Er ist einer, der viel redet. Was ich gehört habe, meistens im Suff. Bei ihm fühlte man sich als etwas Besonderes, als harter Verschwörer oder Untergrundkämpfer und als sehr männlich. Verabschiedet haben wir uns natürlich auch immer mit „Heil Hitler".

Zur Braunschweiger Gruppe hatten aus Hannover zunächst nur Schulze und ich direkten Kontakt. Schulze wurde von Otte zum Gaubeauftragten für Hannover ernannt, ich war Schulzes erster Stellvertreter. Zu den Treffs sind wir immer zu zweit auf einem Motorrad gefahren. Es waren rein dienstliche Besprechungen. Wir haben Aktionen geplant und über Material geredet. Getroffen haben wir uns sogar im Kommunistenviertel Linden. Wir sind ganz normal in linke Studentenkneipen reingegangen – ideale Treffs! Insgesamt haben wir uns wohl sieben- bis zehnmal zusammengesetzt. Zu dieser Zeit habe ich mich den anderen Kameraden, mit denen ich bislang zusammen war, langsam überlegen gefühlt. Daß ich zu Otte Kontakt hatte und nicht zum Beispiel mein damaliger Freund Mertens, war allerdings Zufall – ich hatte ihn zuerst kennengelernt. Otte wollte gar nicht, daß ihn zu viele Leute kennen. Damals war es aber noch so, daß ich das Gefühl hatte, wenn ich die Beziehung zu Mertens abbreche, stehe ich ganz allein da.

Wie viele Leute in der NSDAP/AO waren, wußten wir nur ungefähr. Otte ist einer der wenigen in Deutschland, der da wirklich einen Überblick hat. Aber er hat uns gegenüber viel gemogelt. Wir haben uns gegenseitig immer mit Zahlen aufgeputscht. Ganz sicher kann ich sagen, daß es wohl dreißig in Hamburg waren und etwa sieben in Braunschweig. In Hannover bestand der Stamm aus vier Leuten, zeitweise aber mischten noch vier andere mit. Es gab viele andere rechtsradikale Organisationen.

Doch der harte Kern in Norddeutschland besteht aus ungefähr fünfzig Personen. Das Umfeld dieser Leute ist meist sehr dumm und nicht besonders verläßlich. Die wollen bei irgendwelchen Aktionen mal zuschlagen, aber dann auch ganz schnell wieder weg sein. In den Jahren 1976 bis 1978 war die Achse Hamburg–Braunschweig dic aktivste in ganz Deutschland. Hoffmann und seine Leute kamen da längst nicht mit.

Die großen Namen in der rechten Szene haben untereinander meist nur auf höchster Ebene Kontakt. Es ist also so, daß einer aus der Wehrsportgruppe den Hoffmann zwar persönlich kennt, weil er ja sein Boß ist, aber meistens nicht Kühnen oder Otte oder Röder. Die wiederum kennen sich alle untereinander. Von Hoffmann wußten wir, daß es ihn und seine Gruppe gibt. Otte wollte gern Kontakt zu der Wehrsportgruppe aufnehmen. Hoffmann aber hat abgewinkt. Er wollte lieber offen arbeiten, legal, und sich gar nicht so sehr um politische Dinge kümmern. Ich kann mich erinnern, daß Otte sehr enttäuscht war. Aber er hat immer so getan, als ob Hoffmann einer von uns wäre. Ich muß sagen, daß er für uns nicht unbedingt ein Vorbild war. Er hat sich zu sehr in Pose gesetzt mit seinem Bart und seinem MG. Wir haben ihn als selbsterklärten Führer belächelt. Hoffmann ist ein hoffnungsloser Exhibitionist. Wir hatten aber schon den Wunsch, etwas Ähnliches wie die Wehrsportgruppe aufzubauen, aber ohne uns einem arroganten Typen unterzuordnen.

Vorbildhaft dagegen waren die Leute aus Hamburg. Das war eine sehr schlagfertige Gruppe, sehr gut durchorganisiert und von der Sache überzeugt. Das lag an Michael Kühnen. Der Mann ist eine echte Autorität, alle haben ihn als Führer anerkannt. Er ist etwas älter als die meisten seiner Gruppe und sehr selbstbewußt. Aber er wirkt eher zurückhaltend und beherrscht sich mit Prahlereien. Kühnen ist ein netter Kerl, einer der intelligentesten unter den Neo-Nazis. Er hat viele Schriften entworfen und hat echte Überzeugung, auch wenn er ein Taktiker ist. Radikaler als wir Hannoveraner waren Kühnen und seine Leute nicht. Aber sie waren eben mehr und besser organisiert. Persönlich kannte ich an

Thomas Brehl (l.) und Michael Kühnen von der Aktionsfront Nationaler Sozialisten (ANS)

Bruno Wetzel (l.) und Gerhard Frey, Chefredakteur und Herausgeber der Deutschen Nationalzeitung

die zwanzig seiner Leute. Wir haben uns öfter getroffen, an einem der letzten Male in Peine, als wir beide je eine Bombe von Otte und Lepzien bekommen haben.

Von Thadden habe ich auch mal kennengelernt auf einer Geburtstagsfeier. Er hat keinen guten Eindruck auf mich gemacht, er wirkte damals wie ein Säufer. Man hat ihn ja auch schon am Bahnhof zwischen Pennern gesehen. Wir haben das nie verwinden können, daß er seinen Leuten in den Rükken gefallen ist. Von Thadden hat nur Kontakt mit uralten NPD-Anhängern.

Vorbilder waren für uns ohnehin nicht unbedingt Leute aus der heutigen Nazi-Szene, sondern eher alte Kämpfer, das sind echte Autoritäten. Zum Beispiel Schlageter, der 1923 hingerichtet worden ist. Der war in der NSDAP und hat gegen die Franzosen als Untergrundkämpfer gewirkt, als das Ruhrgebiet besetzt wurde. Eines Tages wurde er erwischt und erschossen. Schlageter war für uns ein Nationalheld, weil er für die deutsche Einheit gekämpft hat. Natürlich waren für uns auch Adolf Hitler und Joseph Goebbels mit ihren Reden Vorbilder. Besonders Otte haben die Reden imponiert. Er hat Filme und viele alte Platten darüber vorgeführt. Wir haben uns deswegen bei Schulze oft getroffen. Uns hat das immer sehr fasziniert, beim Anhören lief mir richtig ein kalter Schauer über den Rücken, das geht mir noch heute so. Vorbildhaft waren allerdings auch kleine Leute, wie Horst Wessel.

Da gibt es auch ein Lied: „Wir trauern über unseren Kameraden Horst Wessel."

Dagegen war so ein Typ wie Röhm unten durch. Der war ja schwul und somit für uns ein Arschficker, was soviel wie ein halber Kommunist bedeutete. Bei Rommel haben wir die ganze Geschichte mit dem erzwungenen Selbstmord als Lüge angesehen.

Franco haben wir eher positiv beurteilt, obwohl er im Krieg nicht mitgemacht hat. Aber er war ein großer Staatsmann.

Mussolini dagegen war für uns ein Versager. Überhaupt waren Italiener für uns ein Klotz am Bein. Wir mußten ihnen an allen Fronten zur Hilfe kommen. Dabei sollten die uns decken. Mussolini haben wir dann noch rausholen müssen. Den haben sie ja später so unästhetisch aufgehängt. Widerlich, wie sich der Mob erdreistet hat, eine so große Persönlichkeit hinzurichten – eine Schweinerei!

Kurz nachdem wir mit Otte und Lepzien Kontakt aufgenommen hatten – am 18., 19. und 20. April –, haben wir eine Sprühaktion in der Stadt gemacht. Dabei passierte auch die Geschichte auf dem Judenfriedhof, wo ja Gräber beschmiert und umgestoßen wurden. Wir sind das aber nicht gewesen, und wir haben uns über die Berichterstattung in den Medien unheimlich geärgert. Irgendwie wollten wir die Ruhe der Toten respektieren. Aktionen gegen Friedhöfe und Synagogen waren aber, wenigstens in der ersten Zeit, nicht geplant. Wir haben das Ganze für eine jüdische Provokation gehalten. Wir haben dann auch eine Schrift verfaßt, von der das meiste Schulze geschrieben hat. Tenor: Wie renoviert man am besten einen jüdischen Friedhof?

Die nächste große Nazi-Aktion fand am 17. Juni 1977 statt: Das Deutschland-Treffen in Frankfurt. Das waren etwa 10000 Leute – eine Riesenmenge! Alle Ortsverbände der NPD, viele Fanfarenzüge und auch Delegationen aus Spanien und Österreich waren gekommen. Die ganzen JN-Leute aus Linden sind mit zwei Autos hingefahren. Wir waren alle uniformiert, Kühnen und die Hamburger waren auch da. Wir haben uns auf dem Römerberg getroffen. Zur gleichen Zeit hatten sich ungefähr 20000 Rote versammelt. Die ganze Gegend war abgesperrt. Wir sind also losmarschiert und haben während des Zuges erst mal die ganzen roten Stände niedergemacht.

Später ging's dann richtig los. Es wurde uns gemeldet, daß der NPD-Vorsitzende in eine Schlägerei verwickelt worden war. Er wurde von Roten an einer Ampel überfallen. Die ganzen Ordner haben auf so etwas nur gewartet: Wir sind losgestürmt und haben alles zusammengeschlagen, was uns so im Wege stand. Am Abend hatten dann ungefähr fünfzig Leute noch Lust auf irgendeine Aktion. Wir sind zur russischen Botschaft gefahren. Die Polizei hatte aber alles abgesperrt. Wir haben dafür andere spontane Aktionen gemacht. Als wir zurückgefahren sind, haben wir an allen Tankstellen Leute wiedergetroffen. Das war alles sehr lustig, und wir haben viel Spaß gehabt an diesem Tag. Das war ein unheimliches Zusammengehörigkeitsgefühl.

Kurz darauf bin ich zu einem Nazi-Treffen nach Scharsfeld im Harz gefahren, das dort einmal im Jahr stattfindet. Offiziell lädt dazu ein unabhängiger Freundeskreis ein. Otte hatte uns ein Zusammentreffen aller wichtigen Nazi-Gruppen in Deutschland angekündigt. Zentraler Tagungsort muß wohl das Gemeindehaus des Dorfes gewesen sein. Störungen oder Proteste gab es nicht, obwohl das Treffen über mehrere Tage ging. Wir waren ungefähr 150 Leute. Gleich bei meiner Ankunft stieß ich auf Zelte, die die Wiking-Jugend vor dem Gemeindehaus aufgebaut hatte. Außerdem sah ich Frauen in Trachten und sowohl ältere als auch jüngere Männer, zum Teil in Uniform. Man sah sofort, daß viele ganz harte darunter waren. Heimatvertriebene waren auch dabei. In einem Raum waren Bücher ausgestellt, vor allem zu den Themen „Umerziehungslüge“ und „Auschwitz“.

Gleich nach der Ankunft gab es ein einfaches, richtig deutsches Essen. Danach spielten verschiedene Gruppen Volksmusik. Nur wir und die Braunschweiger Gruppe fühlten uns als die wichtigsten und entschlossensten Leute in den ganzen Versammlung. Wir haben aber auch mit anderen NS-Leuten Kontakt aufgenommen. Mit einigen haben wir uns abgesondert und in eine Kneipe gesetzt. Das waren zum Teil bekannte Leute aus der Szene, die meisten davon genauso alt wie Otte. Wir haben über vergangene Aktionen berichtet und versucht, neue zu koordinieren. Abends dann ist ein Ka-

barettist aufgetreten, der war wirklich sehr, sehr witzig. Der hat gute Sprüche über unsere Regierung gemacht. Dann gab es wieder Volksmusik, und es wurde dabei viel getrunken und über Witze gelacht.

In Scharsfeld hatte ich meine erste Begegnung mit der Wiking-Jugend. Die waren alle blond und sahen überhaupt sehr arisch aus. Die meisten von ihnen hatten einen ganz kurzen Schnitt, trugen pfadfinderähnliche Kleidung und ein HJ-Messer. Viele sind Kinder von NPD-Leuten. Wir sind in Zivil angekommen und wurden wegen der Stiefeletten komisch angeschaut. Das paßte für die irgendwie in die neuen, verkommenen Sitten hinein.

Mädchen in meinem Alter habe ich allerdings kaum gesehen. Und die, die da waren, wirkten alle sehr unreif. Die haben alle das alte Bild der Frau anerkannt: Die Frau gehört in die Ehe und hat sich um die Kinder zu kümmern. Überhaupt in den ganzen rechten Gruppen sind die Mädchen entweder die Freundinnen von irgendwem oder die Töchter von Nazis. Mädchen wären in unserer Gruppe auch nicht so angebracht gewesen – die hätten uns nur bei unseren Aktionen gestört. Wir waren darauf aus, Auseinandersetzungen mit Feinden zu suchen. Und das hat die Frauen immer gestört, das konnten wir nicht haben.

Über die Einstellung zu Frauen haben wir in der Gruppe nie gesprochen. Ich glaube, die meisten kamen mit ihnen nicht klar. Das heißt: Viele von uns haben ein Doppelleben geführt, haben zwei Bekanntenkreise gehabt. Inoffiziell waren sie in Diskos und haben versucht, Mädchen aufzureißen. Offiziell haben sie so etwas als Laster und Untugend verurteilt. Damit wurden ja Zuhälter, Nutten und leichtes Leben verknüpft. Und natürlich Negermusik. Wir haben ja diese Einstellung praktisch aus der Mottenkiste übernommen. So ein richtiger Tanz in den Mai auf dem Dorfe – das sei genau das richtige. Da waren schon viele Widersprüche.

Ich persönlich kenne fast nur alte Nazi-Weiber, so über sechzig Jahre alt und meistens Frauen von NPD-Leuten. Das sind richtig prüde und biedere Ehefrauen, die schon in der NS-Zeit aktiv waren. In Frankfurt hat mich mal eine Frau angesprochen. Sie sagte mir, daß sie mich ganz toll findet: Ich wäre so ein richtiger deutscher Junge mit blonden Haaren und blauen Augen. So einer, dem man die deutsche Rasse ansieht. Sie wollte mich dann auch gleich mit ihren Töchtern bekannt machen. Sie hatte richtig die Vorstellung, man müsse die deutsche Rasse weiterzüchten. Das war eine richtige deutsche Mutter aus dem Dritten Reich, sehr warmherzig und nett.

Spenden haben wir keine bekommen. Wir haben uns selbst finanziert, zum Beispiel über Tonbänder, die Otte vervielfältigt und vertrieben hat. Otte hatte eine Riesensammlung von

Originalreden aus der NS-Zeit und von Liedern, die wir selber auch immer wieder gesungen haben. Das hat mir viel gebracht, und außerdem war das natürlich gut für unser Gruppengefühl. Untereinander hatten wir ein persönliches Verhältnis, wir mochten uns. Otte galt als der verläßlichste Mann unter den Neo-Nazis, obwohl wir auch treu und verläßlich waren. Ihm haben wir uns alle untergeordnet, ohne darüber nachzudenken. Uns haben sein Alter und seine Ausstrahlung imponiert. Otte brauchte Bestätigung. Die hat er von uns bekommen. Wir haben dann auch oft Rechenschaft vor ihm abgelegt und dann ganz stolz irgendwelche Zeitungsmeldungen über Aktionen von uns vorgezeigt. Trotzdem war er für mich keine Vaterfigur und nicht unbedingt ein Vorbild. Dazu kommen wir doch wohl aus zu unterschiedlichen Schichten. Wenn ich so zurückdenke, glaube ich, daß ich der Intelligenteste sowohl in der hannoverschen als auch in der Braunschweiger Gruppe war.

Otte steckte eigentlich voller Komplexe. Wenn irgendwelche Aktionen liefen, dann hat er die meisten hinterher groß auf Flugblättern gefeiert. Das war oft nur noch lächerlich: Als mal eine tapfere Tat verkündet wurde, waren lediglich einige Aufkleber auf eine Telefonzelle gepappt worden. Aber Otte hat immer davon geredet, bestimmte Objekte in die Luft zu sprengen. Wir haben uns vorgestellt, Rudolf Heß zu befreien oder Willy Brandt und Konsorten an die Wand zu stellen. Bei solchen Gelegenheiten haben wir auch mal über Terrorismus gesprochen. Die italienischen Faschisten waren uns da zu hart – die haben ja Tote gemacht! Das waren für uns richtige Terroristen. Wenn ich so recht überlege, ist das eigentlich ein Widerspruch, sie so zu beurteilen. Denn nach dem Gesetz waren wir ja auch Terroristen. Aber wir fühlen uns nicht als solche. Irgendwie hatten die Rechten Scheu vor solchen Sachen. Wir sind praktisch dazu gezwungen worden.

Zu roten Terroristen haben wir uns nie groß geäußert. Nur Otte hat sich über die RAF ausgelassen. Er hat von einem gemeinsamen Feind gesprochen. Im NS-Kampfbuch gab es ja auch diese „Buback-Ballade“, in der ausgesagt wird, daß uns die Linken auch einen unserer Feinde beiseite geschafft haben. Otte sagte, die Leute von der RAF hätten den richtigen Ansatz: Man solle doch mit einigen Linken zusammenarbeiten und erst hinterher liquidieren.

Er hat auch oft von seinen Kontakten zur PLO gesprochen. Er hat sich damit gebrüstet, daß er über Berlin eine Quelle hätte für Waffen. Auch andere ältere Nazis haben rumerzählt, daß sie über die PLO alles kriegen könnten. Mit den Palästinensern hatten wir ja etwas gemeinsam: Die waren auch gegen Juden. Ihre linke Ideologie haben wir so gedeutet, daß die PLO nicht von der Grundhaltung kommunistisch ist, sondern um von der Sowjetunion finanziert zu werden. In der Gruppe gab es zu vielen Fragen verschiedene Strömungen. In wirtschaftlichen Dingen hat Schulze immer sehr den sozialen Aspekt betont, den die Nationalsozialisten hatten. Mertens war voll für die kapitalistische Marktwirtschaft. Es gab auch Leute, die von Verstaatlichungen redeten, davon, daß die großen Unternehmen enteignet werden müßten. Die Linken waren in solchen Fragen natürlich besser informiert, weil sie ja viel intellektueller sind. Viele von uns sahen einen Widerspruch zwischen Grundgesetz und Praxis. Die Linken hatten mehr Freiheiten.

Die ganze Zeit über haben wir uns als Mitglieder der NSDAP gefühlt, obwohl wir nach außen auch andere Organisationen ins Leben gerufen haben. Eine Zeitlang gab es den „Kampfbund Freiheit für Rudolf Heß“. Das war meine Idee. Der Name ist mir spontan eingefallen, als ich mal beim Ordnungsamt einen Stand von uns angemeldet habe. Immer wieder haben wir für Heß Aktionen gestartet und dafür auch Spenden eingesammelt. Die Zustimmung der Bevölkerung kam dann von allen Seiten. Sogar viele Linke waren dabei. Wir hatten das Gefühl, 75 Prozent der Bevölkerung waren für die sofortige Freilassung.

Unser „Kampfbund“ war etwas ganz anderes als die Hilfsgemeinschaft „Freiheit für Rudolf Heß“. Die war für uns zu lasch, zu demokratisch, zu angepaßt.

Die beim Ordnungsamt wie auch die Presse und die ganze Öffentlichkeit haben nie gecheckt, daß sich hinter verschiedenen Organisationen immer dieselben Leute verbergen. Es wurde viel in uns hineinphantasiert, daß wir weiß Gott für eine riesige Organisation seien mit Hintermännern und so. Dabei war es in Hannover so, daß während der ganzen Zeit nie ein Neuer zu uns zugestoßen ist. Man hat das alles überbewertet in der Öffentlichkeit. Das ganze Gerede ist übertrieben, alles Lüge. Wir haben zu diesem Bild natürlich auch beigetragen. Vor allem Mertens hat da irre viel geprahlt. Im allgemeinen ist das so, daß hinter klangvollen Namen wenig steckt. Wir haben zum Beispiel mal groß die Gründung des BDM angekündigt – nachher war das nur eine einzige Frau.

Selbstverständlich haben wir mit Neugier alle Artikel gelesen und gesammelt, die über uns geschrieben wurden. Wir haben immer gesagt, es ist gut, daß die Leute über uns schreiben – besser negativ als gar nicht. Mertens hat der BBC sogar mal ein richtiges Interview gegeben, das in Schulzes Wohnung stattfand. Er ist dort zusammen mit einem Mädchen aufgetreten, die für ihn geklebt und auch andere Sachen gemacht hat. Natürlich waren wir auch im *Spiegel*. Das hat uns damals unheimlich geschmeichelt. Von mir gibt es viele schöne Presse- und Fernsehaufnahmen. Neulich erst wieder war ich in *Monitor*. Wenn ich heute daran denke, daß Leute mich so sehen, dann schäme ich mich.

Der Gentleman-Club, der sich „Schutz-Staffel“ nannte

Bad Hersfeld ist ein Kurort. Auf dem Weg zu Kurpark und Stadthalle sind fast nur ältere Menschen zu sehen. Verknitterte, einsame Männer in altmodischen Anzügen, die sich auf den Gehstock stützen. Pärchen, die unter strahlendem Sonnenschein spazierengehen und dabei trotzdem beharrlich vor sich hin schweigen.

Wie erkennt man unter ihnen die Mitglieder des „Kameradschaftsverbandes der Soldaten des 1. Panzerkorps der ehemaligen Waffen-SS e. V.“, die sich in dieser Stadt zu ihrem Pfingsttreffen verabredet haben? An ihrem zackigen Schritt? An ihren eisigen Blicken? An ihren Gesichtern, ihren Mördervisagen? Ich kann nichts entdecken: An diesem Samstagmorgen sieht alles ganz normal aus auf den Straßen von Bad Hersfeld, bis auf das Durchschnittsalter der Passanten vielleicht. So sind wir es, die hier erst einmal auffallen, als wir unseren Uralt-Volvo am Rande des Kurparks abstellen und eine in die Jahre gekommene Filmkamera vom Rücksitz in den Kofferraum verfrachten. Kaum haben wir uns entfernt, nähert sich ein stämmiger Alter in schwarzer Lederweste dem Fahrzeug und schaut sich lange das Nummernschild an.

Die Stadthalle liegt mitten in einer so gepflegten, so saftig grünen Anlage, daß man krank werden könnte an dieser sterilen Idylle. Kein Spaziergänger hat sich auch nur zentimeterweit auf die Wiesen verirrt, auf die glänzendweißen Parkbänke hat nicht ein einziger Vogel geschissen, und selbst die Blumenbeete halten auf Distanz: Zwei Meter von den Pflanzen entfernt steht eine Rentnerin im cremefarbenen Popelinemantel andächtig vor der Blumenpracht. Jetzt ist die Stadthalle, in der des Führers liebste Divisionen versammelt sind, gerade hundert Meter entfernt. Und immer noch kein einziger Gegendemonstrant, kein Pressefotograf, nicht einmal der Schatten eines bulligen Fieslings, der alte Waffenherrlichkeit hochleben läßt.

Endlich erkennt man auf dem Weg zur Halle einen kleinen Mannschaftsbus der Polizei, dessen grünweiße Farben in dieser Umgebung wie Tarnanstrich wirken. Ganz in seiner Nähe schlendern zwei Beamte mit Sprechfunkgeräten. Jetzt erst, als man freie Sicht auf die Stadthallenfront hat, sehe ich auf der rechten Seite des Gebäudes, genau vor dem Kur-Café, kleine Grüppchen von älteren Herren, die angeregt miteinander diskutieren.

Sind dies die gebrechlichen Spaziergänger, die wir auf der Straße zum Kurpark beobachtet hatten? Irgend etwas ist anders: An ihren Jacken und Mänteln haftet ein leuchtender Papierstreifen. Darauf ist eine Zahl zu sehen, die Fünfzig. Ein rundes Jubiläum also: für den fünfzigsten Jahrestag der Machtergreifung durch den Führer? Oder für fünfzig Jahre nach der Bücherverbrennung? Wir kommen näher an sie heran. Nein, das sind nicht die grauen, trostlosen Gestalten, die sonst durch den Kurpark schleichen, auch wenn sie genauso alt sein mögen: Aber ihre Blicke sind lebendiger, sie haben sich etwas zu erzählen, ihre Gesten sind kraftvoll – diese Herren stehen noch mitten im Leben.

Die Tür der Gaststätte ist der einzige Zugang zur Stadthalle. Zwei massige Männer halten den Eingang im Auge.

„Geschlossene Gesellschaft“ steht auf einem Schild. Wir gehen schnurstracks auf das Café zu, reden kein Wort mehr. Lutz hat ein paar ausrangierte Armeehosen an, ich eine schwarze Lederjacke. Keiner versperrt uns den Weg. Halten die uns etwa für junge Nazis? Zwei Meter noch bis zum Eingang. Die Ordner begrüßen gerade eine Gruppe eingetroffener Kameraden. Schon stehe ich vor dem Tresen. Herzklopfen. Die Kellnerin lächelt – „Zwei Tassen Schokolade bitte!“ Ein Ober kommt dazu, begafft mich mißtrauisch. Dann nähert er sich einem der Herren mit dem Jubiläumsstreifen. Die beiden flüstern, Achselzucken bei dem Alten. Wir steuern bereits auf einen freien Platz zu. Und was für einen!

Das erste, worüber ich stolpere, sind die Krücken eines ungemütlich aussehenden Mannes, der am Tisch links neben uns sitzt. Ihm fehlt das rechte Bein, aber er hat nichts von der

mitleiderregenden Unbeholfenheit mancher Schwerbehinderter. Ich bringe kein Wort der Entschuldigung zustande und starre statt dessen auf den Streifen an seinem schwarzen Hemd. Endlich kann ich den Anlaß ihres Jubiläums identifizieren: Die Kameraden gedenken der Gründung ihrer Divisionen im Jahre 1933.

„Und wir sind stolz darauf!" höre ich eine aufgeregte Stimme auf meiner rechten Seite rufen, und ich denke mir, noch bevor ich mich umdrehe, daß manchmal die Realität noch platter ist als das Klischee, das man vorher von ihr hat. Die Runde allerdings, die ich jetzt neben mir sehe, sieht zu meinem Erstaunen so harmlos aus wie ein Stammtisch von Taubenzüchtern mit Gattinnen. Ein zierlicher älterer Herr mit feinen langen Fingern und einem aparten Halstuch, seine Frau mit Bernsteinbrosche und weißen orthopädischen Halbschuhen, ein großgewachsener Mann mit etwas wirrem Blick und wilden weißen Haarsträhnen wie bei einem Bilderbuchkünstler, ein Sechzigjähriger mit glatter rosiger Haut, der so vertrauenerweckend lächeln kann, als würde er Reklame für ein Stärkungsmittel machen – sie alle reden leidenschaftlich auf ein japanisches Journalistenpärchen ein, das so ekelerregend schleimig ist, wie nicht einmal der giftigste unter den Kabarettisten wagen würde, einen Boulevard-Schreiber vorzuführen: „Es sind nicht alle so gewesen", „wir haben doch nur unsere Pflicht getan, wie alle anderen auch", „wir waren gute, tapfere Soldaten", „davon will unsere Presse nichts wissen, wir haben alle deutschen Journalisten rausgeschmissen!" hämmern sie den Japanern ein, als hätten sie an diesem Tisch endlich die Chance bekommen, das Geschichtsbild über das Dritte Reich umzuschreiben.

Um uns herum hasten derweil unentwegt andere Senioren, die gerade angekommen oder für eine Kaffeepause aus der Halle herausgetreten sind. Sie gehen aufeinander zu, umarmen sich freudig, erkundigen sich nach der Gesundheit des anderen, bis neue Kameraden sie erwartungsvoll an ihren

Tisch rufen. Es sind welche darunter, deren bloße Anwesenheit Angst erzeugt, weil sie so aussehen wie die Autoritäten, vor denen wir seit Kindertagen zu kuschen gelernt haben, wie der zänkische, alte Hausbesitzer, der cholerische Seniorchef eines Familienunternehmens, der strenge Kinderarzt, der das r so komisch rollen konnte.

Es ist leicht, sich diese Menschen in der Uniform mit dem Totenkopf vorzustellen, schneidige, erbarmungslose Befehle herausschreiend. Manch einer verkörpert dies bis an die Grenze der unglaubwürdigen Karikatur: Ein blonder, kurzgeschorener Hüne mit einem Gesicht wie eine Bulldogge und – als ob das nicht reichte – einen Zigarrenstumpf zwischen den Lippen sieht genauso wie der SS-Oberst in den

viertklassigen Streifen aus, die uns im Jugendkino des Gemeindehauses vorgeführt wurden und an deren Ende der Ober-Nazi von gewitzten Partisanen oder amerikanischen Strahlemännern immer so eins aufs Dach bekam, daß er dem Führer nur noch kabeln konnte: „Alles kaputt!“

Aber es sind die wenigsten, die diese Bilder wecken. Die meisten sehen so aus, wie der ältere Durchschnittsmensch auch immer aussehen mag: aber keinesfalls böse, verschlagen, blutrünstig. Sicherlich hat sich nicht jeder dieser Männer, die sich noch als Jugendliche freiwillig zur Waffen-SS meldeten, auch persönlich an Kriegsverbrechen und Völkermord beteiligt. Aber unter ihnen sind sie, die Tausende von ganz gewöhnlichen Mördern, deren Einzeltaten nie bekannt, nie vor einem Gericht verhandelt worden sind, weil Verbrechen aus der NS-Zeit frühestens im Dutzend aktenkundig wurden: Die Werkzeuge des Todes und des Schreckens, wenn wehrlose Gefangene füsiliert, Frauen und Kinder massakriert und mit Hunderttausenden einzelner Delikte die Pläne zur Endlösung ausgeführt wurden.

Die Überlebenden der Divisionen „Leibstandarte Adolf Hitler“ und „Hitler-Jugend“, die sich um uns versammelt haben, galten in der Nazi-Zeit als Elite-Einheiten. Es ist schlimm, daß sie sich in der Bundesrepublik unter Polizeischutz versammeln dürfen. Es ist schlimm, daß sie glauben, ein Anrecht darauf zu haben, „in Ruhe“ tagen zu können, wie sie an diesem Pfingstwochenende immer wieder fordern. Viel schlimmer aber ist es, daß die vielen Mörder unter ihnen so aussehen wie mein Musiklehrer in der siebten Klasse, dem bei Rimski-Korsakows „Scheherazade“ die Tränen in den Augen standen; wie der Besitzer des Tabakladens an der Uni, der mich immer so freundlich begrüßt; wie der Rentner auf meinem Stockwerk, auf den ich manchmal auf der Treppe warte, um ein paar Worte mit ihm zu wechseln, weil er so einsam aussieht.

Es gibt Menschen an diesem Tag, die diese Runde nicht

ungestört bei der feierlichen Beschwörung ihrer Vergangenheit belassen wollen. Sie haben sich zu einer Demonstration versammelt und zu einer Kundgebung aufgerufen. Die alten Herren zu meiner Rechten macht das sichtlich nervös. Es empört diese sich als völlig rechtschaffen fühlenden Bürger, daß sie plötzlich in Reden und Pressemeldungen zu ewiggestrigen Außenseitern, sogar zu Mitgliedern einer kriminellen Vereinigung gebrandmarkt werden. Ausgerechnet sie, die in ihrem Alltag, wohlgelitten und respektiert, unter Millionen von anderen Bürgern leben, die genauso wie sie einen anständigen Beruf haben, nach Feierabend im Garten schuften, sich in Vereinen tummeln und am Wochenende mit den Nachbarn Würstchen grillen. Voller Entrüstung erzählen sie den unverändert anbiedernd lächelnden japanischen Journalisten, daß sogar „dieser kleine Jud' ... wie heißt er denn noch gleich ... der Rosenthal" in einer Quizsendung gegen ihr Treffen „gehetzt" hat. Wenige Minuten später kommt einer an den Tisch und verkündet, daß sich 20000 Demonstranten in der Stadt versammelt hätten. Sprachloses Staunen, Kopfschütteln. Einige stehen auf, wollen sich „das mal anschauen".

20000 Demonstranten gegen Altnazis in einem 30000 Einwohner zählenden Kur-Kaff wie Bad Hersfeld, dessen Bürgermeister im Vorjahr die SS-Kameraden noch offiziell willkommen geheißen hatte – wenn in der Bundesrepublik diese Menschenmengen gegen eine einzige Altnazi-Versammlung jemals mobilisiert worden wären, gäbe es wahrscheinlich längst keine Treffen faschistischer Kameradschaftsverbände mehr! Aber das ist eben nicht so, was die alten SS-Männer aus dem Stadthallen-Café, die hinter der sicheren Polizeiabsperrung den Protestzug beäugen, zu ihrer großen Erleichterung auch schnell merken. Die ersten Reihen mögen manchen noch kleinlaut machen, als ebenso alte Männer wie sie an der Seite von biederen Gewerkschaftsfunktionären Schilder mit den Namen der Konzentrationslager vorzeigen, in die sie durch die SS ausgeliefert wurden. Aber gleich danach präsentiert sich ihnen das Protestler-Bild, das das sogenannte gesunde Volksempfinden mehr ächtet als all das, wogegen jemals demonstriert werden kann – Raketenabschußrampen und Atommülldeponien vor dem eigenen Schrebergarten eingeschlosssen. Da kommen sie, die Langhaarigen mit den ausgebeulten Jacken, die Flintenweiber, die schon allein deswegen als rot gelten, weil sie eine Plakette auf der Bluse und ein Palästinensertuch um den Hals tragen. Seht her – die ungezogenen Rabauken von den Gesamtschulen mit ihren linksradikalen Lehrern, die Berufsdemonstranten, diese Punker, die doch, bitte sehr, erst einmal eine Existenzberechtigung vorweisen sollen.

Die alten SS-Kameraden sagen das nicht. Sie brauchen das gar nicht. Sie wissen jetzt, daß sie sich auch bei ihren Pfingsttreffen nicht zu Bürgern außerhalb der Gesellschaft verwandeln. Diese Bestätigung geben ihnen die Einwohner von Bad Hersfeld, die mit ihnen am Rande der Straße glotzen – sofern sie es nicht vorgezogen haben, in dem hundert Meter entfernten Café sitzen zu bleiben, um Eistorte mit Sahne zu fressen oder vom Fensterbrett aus, die Arme auf Kissen gestützt, über den Zug der Antifaschisten die Nase zu rümpfen. An ihren Gesichtern, an ihren Sprüchen ist unmißverständlich abzulesen, welche der Besucher in ihrem Ort unerwünscht sind. Und am Ende geben 50 von 8000 (wie die Veranstalter angeben) oder der 5000 Demonstranten (wie es die Polizei verbreitet), aus Frankfurt angereiste Spontis, ihnen auch den Anlaß, das offen auszusprechen. Die Anarchos, größtenteils in Schwarz gekleidet, genauso wie die jungen Neo-Nazis unter Michael Kühnen, mit denen sie sich zwei Stunden später prügeln werden, werfen Farbbeutel auf die Polizisten, die die Zufahrtsstraße zur Stadthalle absperren.

16 Uhr. Die Demonstranten haben sich längst verzogen. Spannend ist es nur noch vor der Stadthalle, wo sich einige SS-Kameraden auf Diskussionen mit anderen Bürgern eingelassen haben. Das Spektrum der auf Rechtfertigung ver-

sessenen Altkameraden jenes totenkopfverzierten Gentlemen-Clubs, der sich „SS" nannte, wird durch eine ausgefallene Erscheinung vervollständigt. Ein schlanker, vornehmer Mann im maßgeschneiderten grauen Anzug, den Körper auf einen eleganten Gehstock mit Elfenbeingriff gestützt, redet sich vor einer kleinen Gruppe ratlos schweigender Zuhörer in Rage. Sein Gesicht zeigt feinsinnige Züge, wenn auch Wangen und Stirn tief zerfurcht sind: Einen adligen Rennstallbesitzer könnte er abgeben oder das Aufsichtsratsmitglied eines deutschen Großunternehmens: „Mit siebzehn habe ich mich gemeldet, wir haben doch nichts anders gekannt damals. An der Front habe ich gekämpft und mein Bein fast verloren. Ich war in russischer Kriegsgefangenschaft, und jetzt", der Ton ist nahe am Ausbruch, „sollen wir nicht mal mehr darüber reden dürfen. Leute wie der Schmidt und der Ehmke haben uns damals in den Kampf geschickt, und heute tun die so, als wären sie damals noch gar nicht auf der Welt gewesen!"

Ein junger Mann murmelt ein paar Worte, die wie ein Einwand klingen. Der vornehme SS-Mann wird ganz weiß vor Erregung, holt tief Luft. Aber er beherrscht sich: „Ach, was wissen Sie schon", ruft er verbittert. Dann läßt er seine Zuhörer stehen; schnell entfernt er sich, und in seiner Haltung ist der Wille spürbar, so zu tun, als gäbe es kein steifes Bein, das er mühsam nachziehen muß. Seine Worte haben sich kaum von den Floskeln seiner Kameraden am Vormittag unterschieden. Und doch ist diesem Menschen auch Verletzbarkeit anzumerken, die sein Auftreten anders erscheinen läßt als die Haltung herrischer Rechthaberei, wie sie die anderen SS-Männer gerade vor der Halle vorführen.

Jeder Zuhörer, sei es ein vielleicht vierzehnjähriges Mädchen, das wohl zufällig dort herumsteht, oder ein Mann von der Freiwilligen Feuerwehr in Bad Hersfeld, ist willkommen für die Beteuerungen, daß sie an Greueltaten niemals teilgenommen hätten („Wir waren nicht alle Nazi!"), daß die

Wahrheit über die SS noch völlig unbekannt sei („Die nehmen wir mit ins Grab, weil wir ja bald aussterben") und daß schließlich auch andere Völker ihre Schandtaten begangen haben („Die Juden haben doch Jesus gekreuzigt!").

Auf der anderen Seite suchen einige junge Leute, aber auch dreißig- bis vierzigjährige Männer der ersten Nachkriegsgeneration das Gespräch. Sie sehen nicht so aus, als hätten sie vorher an der Demonstration teilgenommen. Aber einem Teil merkt man an, daß sie eigens gekommen sind, um den SS-Kameraden etwas entgegenzuhalten. Sie erinnern an Verbrechen der „Schutz-Staffel", halten den Alten vor, sie träumten immer noch von einem Nazi-Regime. Und doch lassen sie sich schnell verunsichern, obwohl die Entgegnungen so flach sind, so stereotyp: Sie stocken plötzlich mitten in ihrer Argumentation, unmerklich ist ihr anfänglich noch aggressiv geladener Ton leiser geworden, fast respektvoll. Dann werden die Kameraden offensiv, drehen den Spieß einfach um, und wer jetzt noch Einwände hat, steht selber unter Rechtfertigungszwang.

Einige Zuhörer machen's ihnen noch leichter. Wie der dreißigjährige Sportsfreund, der aus dem Nachbardorf zwanzig Kilometer hierher geradelt ist. Nun schwitzt er wie in der Sauna, trotz seiner luftig leichten Kleidung, den kurzen Hosen, dem blauen T-Shirt, das sich über dem Bierbauch spannt, und dem Käppi zum Schutz vor der Sonne über dem geröteten, fetten Gesicht. Er ist gekommen, weil er sich „ein objektiveres Bild" machen möchte, nach allem, was über das Treffen in den Zeitungen zu lesen war. Er bietet sich als „Gesprächspartner ohne Vorurteile" an, und seine Sätze leitet er ein mit Worten wie „Verstehen Sie mich nicht falsch" oder „Da gebe ich Ihnen recht, aber man muß auch verstehen ..." Bald finden er und die drei SS-Männer, die mit ihm diskutieren, eine, wie der Dicke sagt, „wichtige" Übereinstimmung: Das mit den Juden sei wirklich „nicht richtig" gewesen. Sonst noch irgendwelche Einwände?

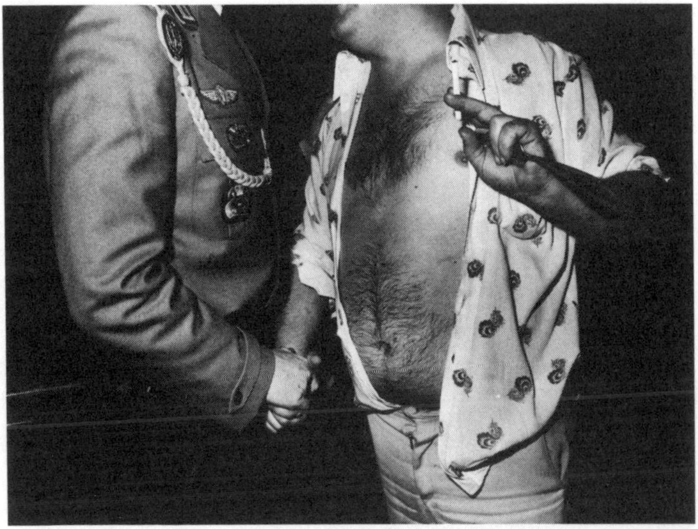

Nur ein älterer, schmächtiger Zuhörer hat die Stirn, immer wieder zu erklären, warum Veranstaltungen dieser Art beschämend seien, und hält auch allen Anfeindungen der Altnazis unbeirrt stand, bis diese indigniert von ihm ablassen und ein SS-Mann im Förster-Look ihn mit dem einzig komischen Satz, der an diesem Tag fällt, abkanzelt: „Der Mann ist unbelehrbar!" Später gesellen sich ein paar Teilnehmer des Demonstrationszuges dazu. Es sind Intellektuelle, die rhetorisch geübt wirken und es stellenweise sogar schaffen, die Alten aus dem Häuschen zu bringen. Dann allerdings zeigt sich verschworener Korpsgeist. Die von allzu offenem Bekennermut bedrohten Kameraden werden schnell aus der Mitte der Diskussionsteilnehmer gezerrt mit der eindringlichen Mahnung: „Sei jetzt lieber still, du weißt doch, was das wird", als ob es noch irgend etwas gäbe, was wir uns von diesen Männern nicht vorstellen könnten.

Natürlich lockt das die vielen Fotografen und Journalisten, die Teams von Rundfunk und Fernsehen aus dem In- und Ausland, die renommierten Autoren, die zu diesem Pfingsttreffen angereist sind. Einige bleiben nur wenige Stunden. Ein paar scharfe Bilder, ein knackiges Zitat, und schon geht's zurück in die Redaktion oder endlich ins ersehnte Wochenende. In ihren Berichten werden sie die Nazi-Versammlung geißeln und den friedlichen Charakter der Demonstration hervorheben. Ihre Leser oder Hörer werden schaudernd erfahren, daß sich wieder einmal fünfhundert Alt-Rechte zum Andenken an ihre selige Zeit als Nazis versammelt haben, und das auch noch mit Billigung eines starrsinnigen CDU-Bürgermeisters. Aber im gleichen Atemzug wird sie die Nachricht beruhigen, daß am selben Ort zehnmal so viele Deutsche dagegen Stellung bezogen haben. Unter der Führung des Deutschen Gewerkschaftsbundes. Mit der Beteiligung prominenter Persönlichkeiten des öffentlichen Lebens. Wie schon im vergangenen Jahr. Und im nächsten, todsicher, wieder.

19.30 Uhr. Niemand stört jetzt mehr die Runde der Kameraden. Vor ein paar Minuten noch hat es geregnet. Es ist kühl geworden, still: Wer jetzt vor der Halle steht, redet mit belegter Stimme. Am Rande des Kurparks hält ein Reisebus. Ältere Frauen mit frisch toupierten Haaren und langen, biederen Abendroben steigen aus, gefolgt von einigen glatt gescheitelten Jugendlichen in steifen Konfirmationsanzügen, denen die Mütter noch an Jackett und Krawatte zupfen, bevor sie feierlich auf die Stadthalle zugehen. Wenige Augenblicke später fahren zwei Mercedes-Limousinen vor, bis auf den letzten Platz mit betucht aussehenden Herren besetzt. Forsch eilen sie den Damen nach. Als sie die Frauen eingeholt haben, grüßen sie sehr höflich, sehr liebenswürdig.

Die geschlossene Gesellschaft geht zum vergnüglichen Teil des Programms über. Ein Ball? Ein Konzert? In dem dezent beleuchteten Kur-Café erkennt man Familien beim gepflegten Pils zusammensitzen. Ein friedlicher, ein gemütlicher Anblick. An einem der Tische, gleich hinter der Scheibenfront der Gaststätte, sitzen sich der vornehme Herr mit dem Gehstock und eine um Jahrzehnte jüngere Frau gegenüber. Sie halten sich die Hände, schauen sich wortlos in die Augen.

Bis es dunkel wird, hocke ich draußen auf einem nassen Metallstuhl und starre auf dieses Paar, das ganz ineinander versunken ist. Langsam, quälend kommt ein Gedanke hoch, den ich kaum zuzulassen wage: Mit achtzehn zog dieser SS-Mann für Hitler in den Krieg. Mit zwanzig war sein Bein für immer kaputt. Als er vierundzwanzig wurde, so alt wie ich heute, saß er in einem russischen Gefangenenlager. Kann einer damit leben, wenn er erfaßt, daß dies alles im Namen eines unermeßlichen, unvorstellbaren, untilgbaren Unrechts geschah?

4.

„Unser Lieblingsthema: Wer kommt ins KZ?"

Feinde, Folter, Führer

In der Schule habe ich nichts über den Nationalsozialismus erfahren. Meine Familie hatte zu den Nazis die normale Auffassung: Der Nationalsozialismus war ein Verbrechersystem. Aber beide sind noch zu jung, um sich an das Nazi-System bewußt zu erinnern. Mein Großvater dagegen war ein Ur-Nazi. Zehn bis zwölf Jahre lang hat er Parteiämter innegehabt. Später war er acht oder neun Jahre lang Gefangener in Rußland und kam als halber Kommunist zurück. Alles, was ich bis zu meinen ersten Kontakten zu den Rechten über die NS-Zeit wußte, habe ich aus dem Fernsehen erfahren. Lange habe ich mich auch eher der Meinung meiner Eltern angeschlossen. Aber das war alles sehr vage. Mich haben dann im Laufe der Zeit immer mehr Uniformen und Armeen fasziniert. Im Fernsehen habe ich auch mal Erschießungen im KZ gesehen. Überhaupt habe ich mir furchtbar viele Spielfilme aus dieser Zeit angeschaut, die in ihrer Grundtendenz alle ziemlich mit der NS-Ideologie sympathisierten.

Ich selber habe den theoretischen Kram erst nach und nach übernommen. Mein Eintrittsgrund in die JN war ganz bestimmt nicht die Ideologie. Wie die anderen aus meiner

Gruppe habe ich die Bestätigung durch eine harte und sehr männliche Gruppe gesucht. Ohnehin gab es nicht viele Leute, die theoretisch viel drauf hatten. Ab und zu gab es mal eine Schulungsgruppe, die aber auf niedrigstem Niveau stattfand. Manchmal organisierte die NPD auch Gastredner wie diesen Udo Walendy, bei denen alle sehr interessiert zugehört haben. Und dann hatten wir natürlich noch Hefte und Broschüren.

Wenn ich an den Nationalsozialismus gedacht habe, dann fielen mir zuallererst alte Persönlichkeiten aus dieser Zeit ein: der Führer, die ganze Bewegung, gute deutsche Soldaten, die Härte, die Gemeinschaft. Da gab es dieses Schlagwort, das für mich faszinierend war: ein Volk, ein Reich, ein Führer. Die ganzen grausamen Sachen, die während der NS-Zeit passiert sein sollen, die sind von uns immer abgestritten worden. Alle Leute aus der rechten Szene, mit denen ich zusammen war, haben immer gesagt, die NS-Verbrechen haben nicht stattgefunden. Die haben das wirklich geglaubt. Gleichzeitig haben die aus Komplexen heraus so etwas wie Gummiknüppel-Brutalität und Härte gut gefunden. Wenn wir bei irgendwelchen Prügeleien einem Roten gesagt haben, du kommst ins KZ, dann haben wir das auch so gemeint. Wir haben uns wirklich ausgemalt, unsere Feinde eines Tages zu internieren. Es gab Typen wie Mertens, denen hat es Spaß gemacht zu schocken. Der hat einem gleich ins Gesicht gesagt: „Du wirst vergast!“, obwohl man so etwas nie in der Öffentlichkeit sagen darf, das hatten wir uns auch fest vorgenommen. Aber unter uns war das richtig ein Lieblingsthema: Wer kommt ins KZ? Na ja, und dann sind wir zwangsläufig auf die Juden zu sprechen gekommen.

Wir haben nie bestritten, daß die Juden unter Hitler interniert wurden, aber wir glauben nicht an deren systematische Vernichtung. Daß die Juden ins KZ gekommen sind, war eine Notwehrmaßnahme: Das internationale Judentum hat Deutschland 1939 den Krieg erklärt, das ist unbestreitbar.

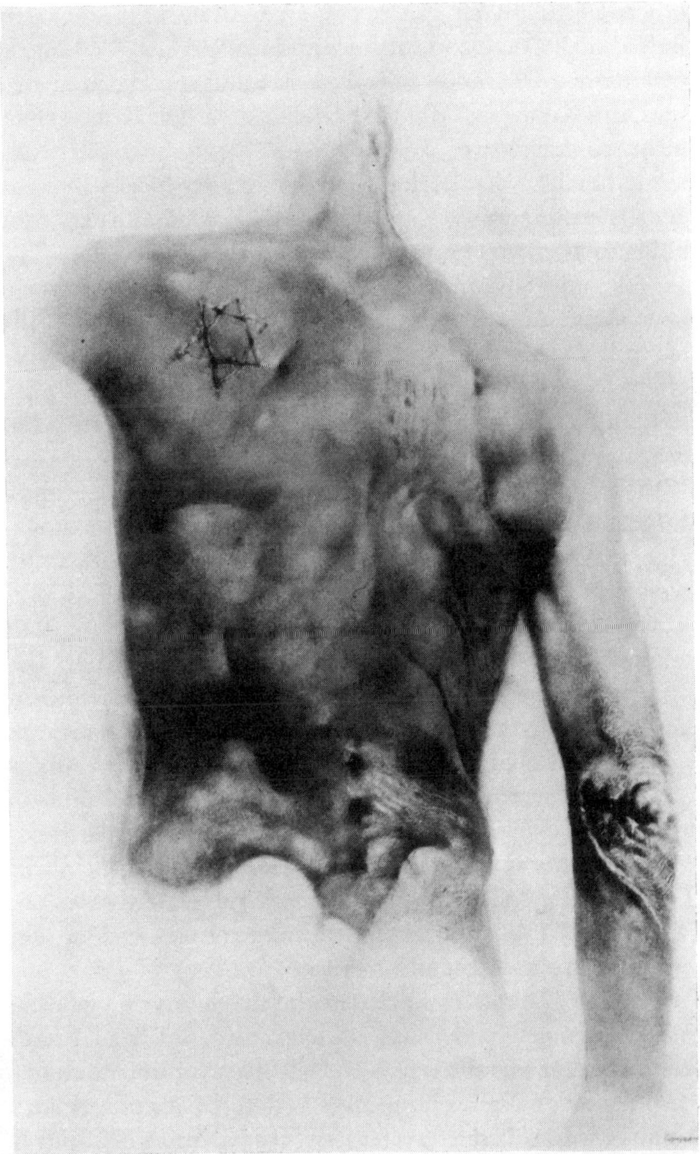

Renzo Vespignani: „Fleisch der Juden“ (Nr. 7)

Überall in der Welt gab es diese Verschwörung unter den Juden, sie haben Deutschland zum Feind erklärt. Daß maximal 300000 von ihnen an Kälte und Hunger umgekommen sind, lag daran, daß die Deutschen durch den Krieg selber nichts zu essen hatten. Durch die Bombardierungen der Alliierten brach in den letzten Kriegsjahren der Nachschub für den Osten zusammen. Genauso wie die Soldaten an der Front hungern mußten, brach auch in den KZs die regelmäßige Verpflegung zusammen. Aber die sogenannten Zeugnisse über Gaskammern, Folter und Vernichtung – die sind alle falsch. Das Deutsche Rote Kreuz hat sogar eine Statistik veröffentlicht, nach der 300000 Juden gestorben sind. Heute bestreiten die das komischerweise. Aber ich bin überzeugt, in diesem Punkt haben die Neo-Nazis irgendwo recht.

1945 wurde uns von den Besatzungsmächten eine Politik aufgezwungen, die einzig und allein auf der Umerziehungslüge aufbaute. Sie ist von den Alliierten lange vorbereitet worden, genauso wie die ganzen Greuelmärchen. Unser ganzes Weltsystem baut auf der Vernichtungslüge auf. Mit unglaublicher Raffinesse ist diese Verfälschung der Geschichte bewirkt worden, um Deutschland nie wieder hochkommen zu lassen. In diesem Punkt haben sie sich allerdings getäuscht: Wenn Deutschland, wie einst schon mal in Ansätzen, autark werden könnte – das wäre eine Bedrohung für alle Weltmächte. Die Alliierten mußten also diese ganze Lügengeschichte aufbauen, aus Neid, Bosheit und Gemeinheit. Die heutigen Machthaber halten natürlich daran fest. Die Wahrheit würde wahrscheinlich unser System viel zu sehr erschüttern – das traut sich niemand.

Manchmal frage ich mich natürlich auch, ob ich vielleicht nicht derjenige bin, der sich irrt. Ich kann das nicht ausschließen. Aber für uns alle war es viel leichter, Argumente zu finden, die eine Umerziehungslüge bestätigen. Es gibt ja auch keine Beweise für einen systematischen Judenmord. Die ganzen Zeugenaussagen sind meiner Meinung nach erfunden.

Das ist ja auch ganz logisch. Wenn man jahrelang in einem KZ gesessen hat, vielleicht Hunger und Kälte, womöglich auch noch irgendwelche Ausschreitungen eines wild gewordenen KZ-Aufsehers ertragen mußte, dann ist man doch voller Haß und auch dazu bereit, gewisse vorgefertigte Meinungen nachzubeten. Viele Juden haben allein schon wegen des Geldes gelogen.

Die paar Fotos, die aus dieser Zeit noch existieren, wurden dafür benutzt, angebliche Massenvernichtungen nachzuweisen. Den Wärtern wurde genau eingetrichtert, was sie zu sagen haben. Angebliche Gaskammern wurden nachträglich ins KZ geschafft und zur Besichtigung freigegeben. Besonders die Russen haben Filme und Fotos darüber gefälscht und frisiert. Die Nürnberger Prozesse dann waren eine einzige Lüge. Die Angeklagten wurden zum Teil gefoltert. Andere haben sich durch ihre sogenannten Geständnisse freigekauft.

Die ganzen Majdanek-Prozesse zum Beispiel durften nicht stattfinden. Vielleicht hat es da wirklich einzelne Greueltaten gegeben, aber System hat das nie gehabt. Es kann sich höchstens um kleinere Taten gehandelt haben, um Erschießungen, Quälereien. Die Zeugen, das sind Leute, die haben vier oder fünf Jahre in Haft gesessen, die haben Hunger und Folter erlebt. Was würdest du an deren Stelle erzählen. Ich bin nicht sicher, und du kannst mir auch viel erzählen, aber für alles kann ich ebensogut eine Gegenthese finden. Die Wahrheit ist nicht mehr zu ermitteln. Das ist wie im Knast: Wenn jemand zusammengeschlagen wird, was meinst du, was er über den Vorfall hinterher erzählt. Da erkennst du nichts mehr wieder. Die Juden waren schließlich eine Gefahr. Die waren scharf auf Deutschland. Die haben später in Amerika das erreicht, was sie einst bei uns machen wollten. Die meisten Deutschen denken auch so, trauen sich aber nicht, das zu sagen.

Inzwischen bin ich unheimlich tolerant geworden. Ich bin kein Rassist, im Gegenteil – ich bin sehr gerne mit Ausländern zusammen. Aber gegen Juden habe ich gewisse Vorurteile behalten. Diese Rasse macht immer wieder denselben Fehler: Sie bleibt unter sich, behält ihre Arroganz. Sie ist es, die im Grunde genommen andere als andersartig betrachtet und rassistisch ist. Es gibt eine machtgierige Clique von jüdischen Geschäftsleuten, die Nichtjuden auf skrupellose Weise ausbeutet.

Wenn die Nazis von der Endlösung gesprochen haben, so haben sie damit gemeint, Deutschland durch Ausbürgerung aller Juden zu säubern. Deutschland mußte wieder eine Nation werden. Die Juden sollten ihren eigenen Staat ruhig bekommen. Und wenn er auf Madagaskar gewesen wäre, wie zeitweise von den Nazis sogar geplant.

Gegenüber Homosexuellen dagegen waren wir toleranter eingestellt. Wir haben auch immer bestritten, daß Schwule in der Nazi-Zeit massenhaft interniert wurden. Wir gingen ja auch davon aus, daß Deutschland während der NS-Zeit in den Krieg hineingezogen worden ist. Es hat damals ein Komplott der Weltmächte gegen uns gegeben. Österreich ist nie gewaltsam attackiert worden. Durch eine Volksabstimmung haben sich die Österreicher für Hitler entschieden. Die Invasion Polens war auch nur eine Maßnahme zum Schutze der deutschen Bevölkerung. Denn die Polen haben wie verrückt gegen Deutschland gehetzt und die deutsche Minderheit im Lande grausam unterdrückt.

Mit „Ausweitung des Lebensraumes" war nichts anderes gemeint, als daß Deutschland die Gebiete, die von anderen Nationen zu Unrecht okkupiert worden waren, zurückerobern mußte. Die Gestapo konnte man aus unserer Sicht mit dem heutigen Verfassungsschutz vergleichen. Irgendwelche großen Übergriffe haben die nie gemacht.

Wir waren einfach felsenfest davon überzeugt, daß die Demokratie ein System ist, das nicht verwirklichbar ist. Der einzelne Bürger ist doch gar nicht in der Lage, die Weltzusammenhänge zu verstehen. Die Demokratie kann nicht funktionieren, sie ist reine Träumerei. Eine Diktatur dagegen kann nur mit den richtigen Leuten funktionieren. Wir haben heute schließlich auch keine Demokratie. Was ist unsere sogenannte Demokratie anderes als eine Clique aus Politik und Wirtschaft, die intelligent genug ist, die Macht in den Händen zu halten. Dasselbe findet auch in den kommunistischen Staaten statt.

Natürlich hat es auch während der NS-Zeit keine Freiheit gegeben. Aber das war unserer Meinung nach auch völlig überflüssig. Da das Nazi-System das einzig richtige war, brauchte man auch keine Opposition. Trotzdem war es bis 1938 durchaus möglich, eine andere Meinung zu vertreten.

Daß die deutsche Rasse allen anderen überlegen sein soll, haben wir auch nur oberflächlich abgehandelt. Wir haben es einfach so hingenommen, wie es uns vorgesetzt wurde. Wir glaubten, daß während der NS-Zeit die jüdisch-bolschewistische Verschwörung darauf aus war, nicht nur die Machtpositionen im Staat zu unterwandern, sondern auch das Volk in seiner rassischen Einheit. Insofern war die Forderung „Deutschland den Deutschen" völlig einleuchtend. Warum sich die Juden allerdings zusammen mit den Kommunisten gegen Deutschland verschworen haben sollten, ist mir nie so ganz klar geworden. Da haben wir uns alle nie besonders feinfühlige Gedanken darüber gemacht. Wenn man da mal nachgeforscht hat, bekam man immer nur zwei, drei Standarderklärungen. Und wer da wirklich nachgebohrt hätte, dem hätte niemand eine richtige Antwort geben können. Die Bildung über diese ganzen Vorgänge haben wir aus einschlägigen Bücherlisten bekommen. Die kann ich nur empfehlen. Auch wenn ich, wie die meisten anderen auch, diese Bücher nie grundsätzlich studiert, sondern allenfalls darin geblättert habe.

Den Faschismus haben wir nicht unbedingt mit dem Kapitalismus verbunden. Ich sehe die Nazis auch nicht als besondere Verfechter dieser Wirtschaftsform, aber sicher kam der Nationalsozialismus den deutschen Kapitalisten sehr gelegen. Alle Diktaturen sind ihnen förderlich. Zur Machtergreifung von Hitler haben die deutschen Kapitalisten gewiß auch beigetragen. In unserer Bewegung gab es aber auch immer Stimmen, die davon sprachen, daß ein NS-Regime eher antikapitalistisch sein müßte und Gleichheit bringen müsse. Schulze zum Beispiel hat sich mehrmals für die Verstaatlichung der Kaufhäuser ausgesprochen. Insgesamt aber haben wir auch diesen Punkt nie besonders ausführlich diskutiert. Stillschweigend haben wir die hiesige Wirtschaftsform voll akzeptiert. Nur, daß die Juden Eigentum haben, paßte uns natürlich nicht. Aber gut an unserem System ist vor allem, daß jeder die Möglichkeit hat aufzusteigen. Das haben wir uns für ein zukünftiges NSDAP-Regime vorgestellt – alle Menschen sind gleich viel wert. In der Gesellschaft sollten wieder Werte herrschen: Liebe zum Vaterland, deutsches Selbstwertgefühl, Gemeinschaftssinn, Arbeitsdisziplin.

Um ein solches System möglich zu machen, wollten wir Deutschland von einigen Verbrechern säubern: Sie zu internieren wäre eine Notwendigkeit gewesen. Als erste natürlich unsere heutigen Machthaber. Man könnte sie auch ausbürgern, aber das würde nicht so viel bringen. Dann hätte man sie noch im Exil auf dem Hals. Ob wir die Juden auch interniert hätten, kann man ganz sicher nicht sagen. Aber wenn sie uns wie nach 1939 den Krieg erklärt hätten, dann hätten wir uns natürlich wehren müssen.

Und dann war da noch ein Drittes Reich

Was tun, wenn einer Hitlers Geheime Staatspolizei mit dem heutigen Verfassungsschutz verwechselt, den Überfall auf Polen zu einer Notwehrmaßnahme zum Schutz bedrängter Landsleute erklärt und über die KZs halluziniert, es seien Erholungsnahgebiete für kriegslüsterne Juden gewesen, denen es erst durch die Schuld der Alliierten ziemlich schlecht gegangen ist, als sie auf Grund von Versorgungsengpässen an Hunger und Kälte leiden mußten – zusammen mit ihrem arischen Pflegepersonal, versteht sich.

Die Wochenzeitung, die Stefans Geschichte in Auszügen abdruckte, und der Verlag, der dieses Buch veröffentlicht, forderten an dieser Stelle der Erzählung einmütig: „Hier müssen wir ‚was machen'!" Das sah dann so aus, daß ich tagelang über eine Erwiderung auf Stefans politisches Credo grübelte, wobei mein Mißmut dagegen von Stunde zu Stunde so anwuchs, bis ich mir diese Frage nicht mehr verkneifen konnte: Warum ist es überhaupt nötig, hier etwas entgegenzusetzen? Und was, um Gottes willen? Die historisch richtigen Fakten? Die strenge Verurteilung plumper Geschichtsverfälscher? Eine unmißverständliche Distanzierung mit dem obligatorischen „Der Schoß ist fruchtbar noch, aus dem das kroch"?

Nichts gegen diese Ausdrucksformen antifaschistischer Gesinnung. Nur, ist nicht viel mehr als diese paar Seiten krassester Ignoranz über unsere Geschichte in Stefans Bericht die Annahme erschreckend, daß seine Ansichten, fünfzig Jahre nach der Machtergreifung Hitlers, den Leser unkommentiert zum Fehlschluß verleiten könnten, man identifiziere sich mit dem Neo-Nazi, schlimmer noch – daß sie dazu verführen könnten, seine Propaganda als historische Wahrheit mißzuverstehen?

Die Redaktion und der Verlag, die diese Befürchtungen äußerten, haben diesbezüglich sicherlich einschlägige Erfahrungen gesammelt. Ich selbst habe an der Schule und bei Diskussionen zwischen Rechtsradikalen und zufälligen Passanten fast immer Ratlosigkeit (meine eingeschlossen) gegenüber der systematischen Leugnung aller Greuel des NS-Regimes beobachtet, um ganz von den Reaktionen jener professionellen Nazi-Gegner zu schweigen, die sich in den letzten Jahren zu sogenannten antifaschistischen Arbeitsgruppen zusammengeschlossen haben.

Eine besonders aktive unter diesen Initiativen suchte ich einmal in Hannover auf. Nicht, daß ich den Eindruck hatte, das Engagement ihrer Mitglieder sei nicht aufrichtig. Aber was sie erzählten, war Stefans Schilderungen über die Überfälle auf Rote, die er wie ein „Asterix und Obelix"-Spiel erlebte, zum Verwechseln ähnlich, ganz abgesehen davon, daß sie Salges Einschätzung, er und seine Kameraden seien in der Öffentlichkeit maßlos aufgewertet worden, voll bestätigen.

Denn am meisten ereiferten sie sich über den Erlebnisbericht eines Genossen, wie zweitausend Antifaschisten in Hildesheim ein NPD-Landestreffen von zwanzig Rechten mit handfesten Aktionen verhindert hatten. Zum Schluß empfahlen sie mir noch dringendst eine dreiundzwanzigseitige Broschüre mit einem als besonders abschreckend gedachten

Titelbild, das, durch eine entsprechende Schlagzeile noch verstärkt, Parallelen des Nazi-Terrors in den dreißiger Jahren zu dem der Jung-Rechten in der Gegenwart aufzeigen sollte. Auf dem Foto war in der Tat eine Gruppe wild um sich schlagender Jugendlicher zu erkennen, nur nicht, wer von ihnen zu den Faschisten und wer zu ihren Widersachern gehörte.

Dabei würde es sich vielmehr lohnen, einmal auf die neonazistischen Politpamphlete näher einzugehen, statt sie, immer weiter unangefochten, im braunen Sumpf gären zu lassen, um sich deutlich zu machen, wie wenig sie eigentlich an historischen Fakten rütteln dürften. Ich meine damit gar nicht einmal ausschließlich Stefans politische Bekenntnisse (dem ich eher dümmliche Naivität als vorsätzlichen Verfälschungswillen unterstelle, wenn er es etwa als völlig normal empfindet, daß ein Regime Teile seines Volkes in Konzentrationslager einsperrt, dann aber nicht glauben mag, daß diese dort auch umgebracht wurden).

Nein, es ist die Mühe wert, einen Blick auf die nazistischen Schriften zu werfen, die *Wahrheit für Deutschland* oder, in der Buch-Reihe „Historische Tatsachen“ (in altdeutschem Schriftsatz gesetzt), *Die Methoden der Umerziehung* zu enthüllen versprechen. Eine schäbigere, lächerlichere Argumentationsweise kann man sich andernfalls kaum vorstellen. Die wissenschaftliche Seriosität, die sie vortäuschen, beruht allein darauf, daß sich ein paar rechtsextremistische Pseudohistoriker unentwegt gegenseitig zitieren. Das klingt so glaubwürdig, wie wenn Disneys wieder einmal auf frischer Tat erwischte Panzerknacker ihre Unschuld dadurch beteuern, daß sie im Chor und treuherzig aufeinander zeigend schreien: „Wir sind es nicht gewesen, der hat's genau gesehen!“

Wenn wir aber in diesen (rechts)extremen Plattheiten, von denen Stefan (um die Brillanz und Tiefgründigkeit der Nazi-Argumente einmal vorzuführen) das nahezu vollständige Spektrum nachplappert, eine Gefahr sehen, weil sich Menschen damit identifizieren können – was wissen wir dann eigentlich über das Dritte Reich, daß man sich schon vor so einem bißchen geballter Dummheit fürchten muß?

Ich habe versucht, für mich eine Antwort zu geben: Mit Ausnahme der letzten Schulmonate erfuhr ich in den vierzehn Schuljahren, die ich bis dahin in zwei Ländern abgesessen hatte, nichts über Faschismus und Nationalsozialismus, außer der beiläufig immer wiederkehrenden Feststellung, daß es sie und ihre Verbrechen gegeben hat, genauso wie es vorher die Höhlenmenschen, Herodes und Napoleon Bonaparte gegeben hatte. Die Erwachsenen, die aus eigener Erfahrung etwas Näheres erzählen könnten, machten derweil den Eindruck, als würden sie lieber Kannibalen beim Essen zuschauen als über die Greuel vor der eigenen Haustür berichten. Auch Stefan bestätigt, bevor er auf die Ideologie in seinen Gruppen zu sprechen kommt, daß er in der Schule nichts und von seinem Elternhaus so gut wie nichts über die Nazi-Vergangenheit erfahren hat. Das, nicht der Unsinn, den er später bei den Rechten aufschnappte, schreit nach einer Stellungnahme! Dieses Schweigen macht mir angst! Genauso wie die Scheinheiligkeit all derer, die sich heute verwundert fragen, wie aus ihren Kindern Hitler-Fans werden konnten.

Vor einigen Monaten lernte ich in Siena eine junge Fotografin aus Wien kennen. Wir kamen auf die neuen Nazis in der Bundesrepublik zu sprechen, und sie erzählte mir, daß sie den Artikel über Stefan in der *Zeit* sogar fotokopiert und Freunden zu lesen gegeben habe. Ich merkte, daß ihr dieses Thema viel näherging als den anderen Menschen, mit denen ich zuvor darüber gesprochen hatte. Erst später verriet sie mir, daß sie Jüdin ist und den größten Teil ihrer Familie in KZs der Deutschen verloren hat. Und sie sagte, daß heute viele ihrer jüdischen Bekannten in Wien wieder Scheu zeigten, sich fotografieren zu lassen – aus Angst vor neuen Verfolgungen. Ich fragte, ob diese Reaktionen nicht ein bißchen paranoid seien, und schämte mich später dieses Einwandes, als ich darüber nachdachte, was es wohl heißen muß, mit den Zeugnissen von Flucht, Verfolgung und Tod aufzuwachsen.

An diesem Abend fiel mir auf, daß dieses Mädchen die erste Jüdin war, mit der ich in Deutschland jemals bewußt ins Gespräch gekommen bin: Trotz all der Jahre, die ich schon in der Bundesrepublik lebe, war es also leichter gewesen, einen rechtsradikalen Terroristen kennenzulernen! Da bemerkte ich endlich, wessen Stimme ich im Chor der Distanzierungen, Kommentare und Proteste von Antifaschisten bislang noch nie gehört hatte: die eines deutschen Juden, so alt wie wir, wie Stefan und ich. Nach langer Suche stieß ich auf Maxim, ein Journalistenschüler in München. Ich bat ihn, etwas zu den politischen Ansichten von Stefan und seinen ehemaligen Kameraden zu Papier zu bringen.

Er empfand mein Anliegen weder als Zumutung noch als Geschmacklosigkeit. Auch als er sich ans Schreiben machte, zeigte er keine Berührungsängste. Er spürte nur eins – eine Stinkewut. Und dann schrieb er Stefan diesen Brief:

Alle Achtung, Stefan, Du hast ausgepackt. Unter einem Pseudonym zwar, aber immerhin. Ich verstehe schon – Du willst Deine neue bürgerliche Existenz nicht gefährden. Seit ich mitbekommen habe, daß Menschen, die so wie Du denken, keine Seltenheit sind, vor allem solche, die es aus Feigheit vorziehen, anonyme Droh- und Haßbriefe zu verfassen, statt Bomben zu legen, seitdem also hätte auch ich allen Grund, mich hinter einem Decknamen zu verstecken. Mein Stolz läßt dies nicht zu: Mein Name ist Maxim Biller (22); ich bin Jude.

Deine Bekenntnisse las ich das erste Mal an einem Sonntagnachmittag, im Sommer. Vor meinen geöffneten Fenstern flimmerte die heiße Luft in der Sonne. Von unten, aus dem Hof, drang der Lärm der dort spielenden deutschen, türkischen und italienischen Kinder. Im Haus schräg gegenüber saß, halb verdeckt von Pflanzen und Grünzeug, ein älteres Ehepaar auf dem Balkon beim Mittagessen, und der Mann erzählte mit knarrender Stimme von früher – vom Rußland-Feldzug, von seinen Einsätzen in Kiew und Smolensk, von der Niederlage und der Besetzung Deutschlands durch die Alliierten.

Und dann stellte ich mir vor, wie Du auf diesen Balkon trittst, Dich an den Tisch setzt und zu reden anfängst: Es seien ja damals nur 300 000 Juden umgekommen, und das auch nur an Kälte und Hunger, alles andere sei erstunken und erlogen, das ganze Weltsystem baue auf der Vernichtungslüge auf. Und die beiden Alten hören Dir gespannt zu, überlegen, sollen sie Dir beipflichten oder nicht, denn sie wissen nicht genau, ob Leute wie Du wieder das Sagen haben. In diesem Augenblick lasse ich in meiner Phantasie den Vorhang fallen, und da ist der Tagtraum vorbei. Aber ich denke weiter darüber nach: Schließlich hätte ich mir Dich nicht nur hier, sondern genauso an irgendeinem andern Mittagstisch, in einem andern Wohnzimmer, an einer andern Stammtischrunde vorstellen können, denn dort wird häufig genug, wenn die Rede auf die alten Zeiten kommt, das dumme Zeug, das Du auch noch nach Deiner „Rehabilitation" verbreitest, ernsthaft erwogen, diskutiert, geglaubt.

Du versuchst den Eindruck zu erwecken, daß Du etwas Besonderes bist, nicht so ein dumpfer Schläger- und Schlachtertyp, wie man sich sonst einen Neo-Nazi vorstellt. Nein, Du bist intelligent, einsichtig, Du *reflektierst*. Aber ich glaube Dir kein Wort von Deinen Einsichten. Zuerst streitest Du den Holocaust ab, sagst, alle Zeugnisse über Gaskammern, Folter und Vernichtung seien falsch, plötzlich gibst Du zu, daß es sein könnte, daß Du Dich irrst, aber im nächsten Satz weißt Du schon wieder ganz genau, daß es keine Beweise für das Genozid gibt, daß alle Zeugenaussagen erfunden sind. So „reflektierst" Du, und das ist hochkarätige Demagogie: Indem Du das Gegenargument zum Schein mit in Betracht ziehst, eine offene Sichtweise vortäuschst, entkräftest Du es im Sinne all derer, die Dir glauben wollen, und

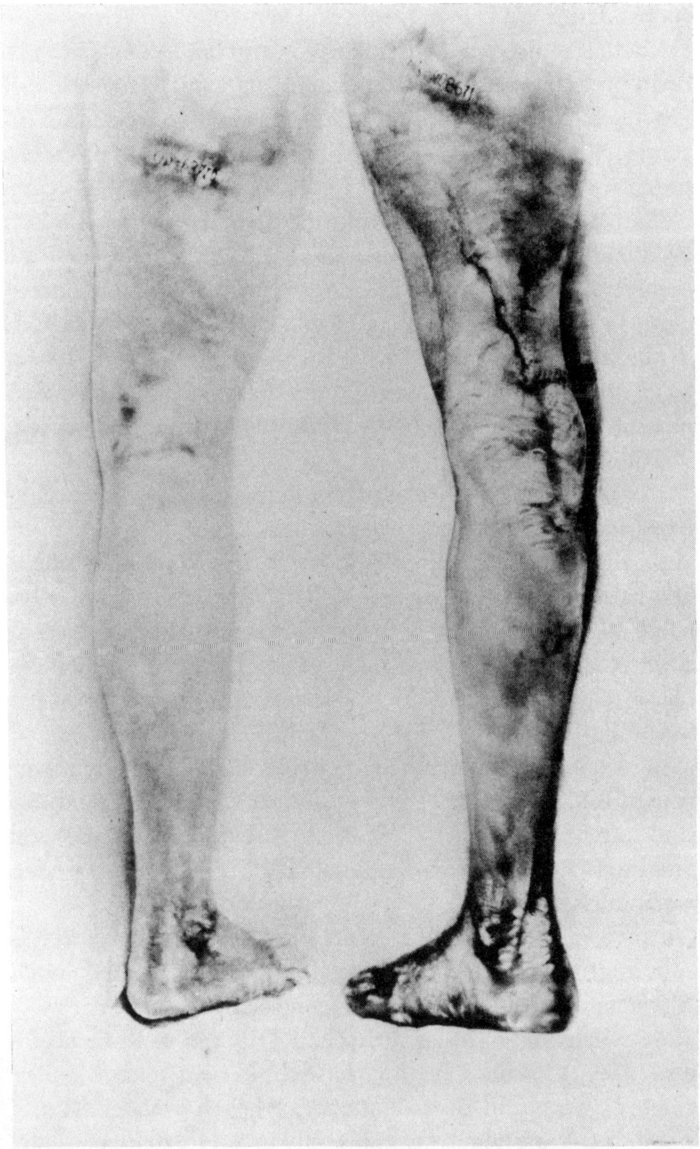

Renzo Vespignani: „Fleisch der Juden" (Nr. 2)

rückst damit um keinen Deut von Deiner miesen Position ab. Du beharrst also auf Deiner Ansicht, mit der Du Abermillionen von Ermordeten verhöhnst. An einer anderen Stelle hast Du Dich von der Schändung eines jüdischen Friedhofs distanziert, denn Du sagst, daß ihr die Ruhe der Toten respektieren wollt. Lügner!

Damit Du es weißt: Ich denke gar nicht daran, mit Dir und all denen, die dieselben Ansichten vertreten, über die Zahl der den Nazis zum Opfer gefallenen Juden, Zigeuner, Sozialdemokraten, Kommunisten, Homosexuellen zu streiten. Ich denke gar nicht daran, Dir die Protokolle der am 20. Januar 1942 einberufenen Wannsee-Konferenz, in der die totale Vernichtung des europäischen Judentums beschlossen wurde, vorzuhalten.

Und ich denke nicht daran, die Aussagen des Auschwitz-Kommandanten Rudolf Höß im Nürnberger Prozeß über die systematische Vergasung der Juden in dem ihm unterstehenden Konzentrationslager zu zitieren. (Lies diese Dinge selbst nach, wenn sie Dich wirklich interessieren, aber Du solltest dann tatsächlich lesen und nicht in den Büchern nur herumblättern, wie Du es mit dem Nazi-Propagandamaterial gemacht hast.)

In Antwerpen lebten vor mehr als vierzig Jahren meine beiden Großtanten mit ihren Familien. Das war einmal. Sie sind mit einer solchen Perfektion liquidiert worden, daß von ihnen nach dem Kriege keine einzige Spur mehr zu finden war. Auch in Kiew hatte ich Verwandte – 1941 sind sie zusammen mit Tausenden anderer Juden in Babi Yar von SS-Einsatzgruppen massakriert worden. Und dann war da noch Aljoscha aus Smolensk, der Cousin meines Vaters, der zwei Tage vor Einmarsch der deutschen Truppen in Rußland im Juni 1941, gleich zu Beginn der Schulferien, nach Moskau gefahren war und dort überlebte. Aljoschas Vater Mojsej wurde aus Versehen, trotz eines schweren Herzfehlers, in die Rote Armee eingezogen. Mit ihr trat er den Rückzug in Richtung Moskau an und entrann so dem Tod. Der Rest der Familie aber wurde in Smolensk niedergemetzelt.

Es fällt mir schwer, vor anderen Menschen über den Schmerz zu sprechen, den dieses Wissen in mir auslöst, über die Bilder, die ich dann vor mir sehe. Bilder von nackten Menschen, die, ihre Scham bedeckend, verständnislos um sich schauen, um im nächsten Moment von Maschinengewehrsalven niedergemäht zu werden und in die Massengräber zu fallen, die sie vorher selbst auf vorsorgliche Anordnung ihrer Mörder ausheben mußten. Siehst Du die in einem Lastwagen zusammengepferchten Menschen, deren Leiber wie wahnsinnig um sich schlagen, während von außen Abgase in den luftdicht verschlossenen Laderaum strömen?

Hat es einen Sinn gehabt, Dich danach zu fragen? Ich fürchte, kaum. Vernichtungslüge, denkst Du, alles erfunden. Und wie soll ich dann noch mit Dir reden, ohne dabei meine Würde aufzugeben?

Ich glaube nicht daran, daß jeder von uns etwas von einem kleinen Hitler in sich trägt. Es gibt Menschen, die tolerant sind, die andere Gruppen und Minderheiten mit all ihren Eigenarten respektieren, ihnen offen und voller Interesse am Neuen gegenübertreten – ich kenne sie, es sind viele. Und es gibt Menschen, die sind verbohrt, engstirnig, sie können nicht über ihre eigene Nasenspitze hinausschauen – zu ihnen gehörst Du. Ich glaube Dir nicht, wenn Du behauptest, daß Du kein Rassist bist, denn im nächsten Satz sagst Du schon: „Aber gegen Juden habe ich gewisse Vorurteile behalten."

Nicht nur Deine Taten, auch Deine Worte machen Dich zum Verbrecher, Stefan!

5.

„Hinterher habe ich mich gut gefühlt“

Der Anschlag auf das Amtsgericht

Das mit der Bombe auf das Amtsgericht in Hannover war Ottes Idee. Es sollte so etwas wie ein Probeanschlag für weitere Aktionen werden. Die Bombe hatte Wolfgang Sachse besorgt, ein Bekannter von Otte. Er besaß einen Schießstand am Stadtrand von Braunschweig. Für die Gruppe war er ein bißchen Mädchen für alles. Otte hat ihn hin und wieder am Schießstand aufgesucht. Sachse war mit Lepzien eng befreundet. Lepzien war es auch, der ihn gefragt hatte, ob er Sprengstoff besorgen könne. Er soll ihm gesagt haben, wir bräuchten das für Übungszwecke.

Sachse fertigte drei Bomben an. Die eine wurde einem Nazi in Flensburg ausgehändigt, der damit einen Bombenanschlag auf das Gebäude der *Flensburger Nachrichten* verübte. Zu der Übergabe der beiden anderen kam es am 1. Oktober 1977 in der Wohnung von Lepzien in Peine. Michael Kühnen aus Hamburg erhielt die eine. Ich, der zusammen mit Meyer und Schulze nach Peine gefahren war, bekam die andere. Irgendwie lag mir schon viel an dieser Aktion, denn ich war immer der Heißeste auf extreme Geschichten. Ich wollte das Ding so schnell wie möglich zünden. Ich hätte es auch viel eher gemacht, wenn Meyer nicht immer wieder gebremst hätte. Kurzfristig wollte er nichts mehr mit der Aktion zu tun haben. Der hat einfach Angst gehabt. Seitdem war er für uns gestorben. Daß Mertens nicht mitgemacht hat, war eher ein Zufall. Denn wir hatten uns zwei Tage vor dem Anschlag verkracht: Wir waren wütend, weil er einfach zuviel geredet hat.

Die Bombe vor dem Amtsgericht war eigentlich eine kleine Bombe, die nicht viel angerichtet hat. Vielleicht hätte ich auch eine größere gezündet, um unsere Feindbilder zu treffen: das KBW-Haus, die Presse, die Justiz oder irgendwelche kommunistischen Einrichtungen. Bis zuletzt haben wir all diese Möglichkeiten überlegt. Die Wahl auf das Amtsgericht war dann meine Entscheidung. Otte und Lepzien waren für den Anschlag Feuer und Flamme. Den Plan, eine Bombe gegen das KBW-Haus zu richten, haben wir dann fallengelassen: Am Gebäude wäre zuwenig Schaden entstanden, und außerhalb hätten Leute verletzt werden können.

Groß vorbereitet habe ich mich für die Aktion nicht. Ich bin ein paarmal in die Stadt gefahren, um mir die Örtlichkeiten anzuschauen. Als Komplicen hatte ich mir Harald Linke ausgesucht, einen Schüler aus Hannover. Das war einer, der schon lange darauf aus war, von unserer Gruppe akzeptiert zu werden. Als Meyer abgesprungen ist, war er sofort voll dabei.

In der Nacht vom 21. Oktober 1977 war es dann soweit. Gegen 3 Uhr 30 haben wir die Bombe vor dem Amtsgericht deponiert. Ich habe noch schnell einen Sandsack davorgelegt. Mit einem Feuerzeug habe ich die Zündschnur angebrannt. Von da an hatte ich noch genau fünfzehn Sekunden Zeit. Wir sind langsam mit dem Motorrad weggefahren, um keinen Lärm zu machen. Wir hörten noch, wie es wahnsinnig laut geknallt hat. Viel Nerven habe ich zu dieser Aktion nicht gebraucht, an sich war das eine ganz einfache Sache. Um so etwas vorzubereiten, braucht man weder viel Mut noch besonders viel Zeit. Ich habe vor dem Anschlag sogar noch ruhig geschlafen, um richtig fit zu sein. Ich bin einfach zwischendurch aufgestanden.

Hinterher habe ich mich gut gefühlt, so richtig männlich. Natürlich lag es mir viel daran, vor den anderen gut dazustehen. Otte und Lepzien waren von meiner Aktion sehr begeistert. Sie hatten davon zunächst in der Zeitung gelesen, dann habe ich ihnen persönlich Bericht erstattet. Otte sagte: „Super!" Später habe ich eigentlich auch keine besonderen Vorsichtsmaßnahmen getroffen. Ich hatte keine Angst davor, daß mich jemand beobachtet hätte und mich verpfeifen würde. Hinterher ist es natürlich wichtig, daß man sein eigenes Mitteilungsbedürfnis unterdrückt.

Merkwürdigerweise wurde zu dem Bombenattentat ein Bekennerbrief abgegeben. Der stammte aber nicht von uns. In der *Bild-Zeitung* stand dann auch ein großer Artikel. Schlagzeile: „Anschlag von linken Terroristen". Das hat mich sehr gefreut. Wir wollten uns zu der Aktion auch gar nicht bekennen. Otte meinte, je mehr Anschläge den Linken in die Schuhe geschoben werden, desto mehr schreien die Leute nach einem Staat im Staate und bekommen die Rechten Zulauf. So plante er auch bei künftigen Aktionen, linke Bekennerbriefe zu schreiben. Das Prinzip ist ja eigentlich ganz einleuchtend: Wenn Chaos herrscht, ruft man nach der starken Führung.

Bomben-Stimmung

Am Tag des Bombenattentats auf dem Oktoberfest war ich erst seit wenigen Stunden in München. Ich weiß nicht mehr, wie wir auf die Idee kamen, am Abend zur Theresienwiese zu gehen. Mein Freund Frank hatte sich dort wenige Tage vorher beim Fotografieren ein blaues Auge eingehandelt, weil ein Besucher ausgerechnet ihn, der so harmlos und charmant aussieht wie einer der *Drei von der Tankstelle*, für einen Terroristen gehalten hatte. Ich selbst wäre überall lieber hingegangen als zu diesem Spektakel. Ich glaube, Frank setzte sich am Ende mit dem Argument durch, wenn man schon als Tourist in München sei, müsse man sich auch das Typische der Stadt anschauen.

Wir blieben nur kurz auf dem Oktoberfest, weil wir zwei Mädchen, mit denen wir uns verabredet hatten, verpaßt hatten und danach die Stimmung auf den Nullpunkt gesunken war. Wir fuhren in die *Klappe*, auch so eine Münchner Sehenswürdigkeit, an der man damals nicht vorbeigehen durfte. Aber es wurde auch dort ein wenig fröhlicher Abend, weil der Türsteher plötzlich einen Gast zusammenschlug, bis dieser sich am Boden krümmte, worauf alle so taten, als hätte niemand etwas bemerkt, und mir die Diskothek gründlich vermiest war.

Frank ging telefonieren, um mit Freunden abzusprechen, was man an diesem Abend noch unternehmen könnte. Er kam ganz aufgeregt zurück. Ein Kommilitone, der bei der *Abendzeitung* im Spätdienst arbeitete, hatte ihm erzählt, daß auf dem Oktoberfest eine furchtbare Explosion stattgefunden habe, daß es viele Tote und Verletzte gebe und es womöglich eine Bombe gewesen sei.

Wir fuhren sofort zur Theresienwiese zurück. Auf den Straßen schlichen lange Autoschlangen, an denen immer wieder Krankenwagen und Polizeifahrzeuge heulend vorbeirasten.

Als wir in die Nähe der Wies'n kommen, müssen wir lange nach einem Parkplatz suchen. Eine endlose Karawane von heimkehrenden Festbesuchern kommt uns entgegen, deren Mienen und Gespräche nichts davon verraten, daß sich gerade ein schweres Unglück ereignet haben soll. Ein dicklicher, glatzköpfiger Bayer pöbelt uns wegen des Kasseler Nummernschildes an unserem Auto an.

Auf dem Festgelände haben die meisten Schausteller bereits die Beleuchtung an ihren Ständen ausgeschaltet und sind mit den letzten Handgriffen vor dem Schließen beschäftigt. Der Boden ist übersät mit weißen Plastikbechern, Lotterielosen und senfbeschmierten Papptellern. Laut hört man das Scheppern des Unrats gegen die Schuhe der wenigen Besucher, die jetzt noch den Ausgang suchen.

Von den Folgen einer Explosion ist weit und breit nichts zu merken. Wir fragen Leute. Ein Herr, der von weitem noch nüchtern gewirkt hatte, erklärte uns, das einzige, was er knallen gehört habe, sei sein Kopf gewesen. Dann torkelt er, dicht an den Ständen entlang, davon. Ein Pärchen starrt uns nur entgeistert an und geht wortlos vorbei. Wenigstens will ein Schausteller gehört haben, daß „da hinten" etwas passiert sein soll.

Endlich sehen wir von weitem, daß eine Stelle hell beleuchtet ist. Wir erkennen Polizeifahrzeuge, kleine Menschengruppen. Ein Teil des Geländes ist durch Gitter abgesperrt worden. Davor stehen im Abstand von wenigen Metern voneinander entfernt ganz junge Polizisten, mit Maschinengewehren und Sprechfunkgeräten ausgerüstet, Wache. Ich spreche sie an, will wissen, was wirklich passiert ist. Einige sind aggressiv und abweisend. Andere geben lakonische Antworten wie „Da hat's Tote gegeben" oder „Da hat ganz schön was geknallt" und sagen das mit einem Ausdruck, der fast freudige Erregung darüber verrät, bei einem so außergewöhnlichen Ereignis dabeizusein. Ein rotbäckiger, freundlicher Polizist lächelt, während er uns Auskunft gibt.

Wir werfen einen Blick ins abgesperrte Areal, dort, wo sich die Explosion ereignet haben muß. Aber die Erinnerung hieran vermischt sich mit den Bildern, die ich danach in Zeitungen und Fernsehsendungen gesehen habe, und in den Aufzeichnungen, die ich mir am nächsten Tag über diese Nacht machte, fehlt jede Beschreibung. Ich weiß nur noch, daß sich das einzige, was wir unter dem gleißenden Licht als Blut zu erkennen glaubten, als ein plattgedrückter, glasierter Bratapfel herausstellte.

Was mir von diesen Stunden eingeprägt bleiben sollte, ist die kleine Menschenmenge vor dem Gitter in der Nähe des großen Polizeibusses, der schon kurz nach dem Attentat als provisorische Einsatzzentrale bereitgestellt worden war. Zu diesem Fahrzeug eilen ununterbrochen finster dreinblikkende Männer, die sehr entschlossen, sehr effektiv aussehen. Es ist ein martialisches Bild, das sich den neugierigen Zuschauern präsentiert, als längst alle Toten und Verletzten abtransportiert worden sind: Die konzentriert operierenden Spurenexperten, das blendende Licht, das große Aufgebot der Polizisten mit dem Maschinengewehr im Anschlag, die zur Einsatzzentrale hasten – ein Anblick, den wohl jeder Ort

Franz Josef Strauß und Dr. Georg Wolf, Vizepräsident im Polizeipräsidium München und Einsatzleiter am Ort des Anschlags im Polizeibus, der als provisorische Einsatzzentrale auf der Theresienwiese fungierte.

bietet, an dem gerade ein schwerer Anschlag stattgefunden hat.

So macht dieses Szenario auch erst im Zusammenhang mit den Menschen angst, die es beobachten. Neugierige, die wie wir herbeigeeilt sind, weil sie irgend etwas über eine Explosion erfahren hatten, vor allem aber verspätete Festbesucher, die zufällig hier vorbeigekommen waren. Es sind Menschen, die noch geklaute halbvolle Maßkrüge in den Händen halten oder beschriftete Lebkuchenherzen um den Hals hängen haben, Pärchen, viele ausgelassene Cliquen. Manche fragen im

Vorbeigehen nur: „Was is'n hier los?", und wenn sie Antwort bekommen, tun sie so, als hätten sie nichts verstanden. Sie wollen sich einfach nicht die gute Laune verderben lassen.

Kaum ein Gesicht, das Trauer, Betroffenheit ausdrückt. Es gab viele, die sich später darüber empörten, daß der Festbetrieb nach dem Anschlag nahezu ohne Unterbrechung weitergegangen sei: Hier an den spontanen Reaktionen nur wenige Stunden nach der Explosion hätten sie erfahren, daß man auf solchen Veranstaltungen von Bomben allein im Zusammenhang mit Stimmung etwas wissen will.

Nur eines erregt die Zuschauer vor dem Gitter: Was diese „roten Verbrecher", diese „Baader-Meinhof-Schweine" kurz vor der Wahl wieder angerichtet haben. Nicht Erschütterung, nicht ohnmächtige Wut über ein feiges Attentat, das jeden von ihnen hätte treffen können, bringt sie zu den haßerfüllten Beschimpfungen: Sie nutzen nur eine Gelegenheit, Dampf abzulassen – gegen ein wohlerprobtes Feindbild. Einige angetrunkene Männer lallen sich gegenseitig vor: „Abknallen muß man die, endlich abknallen!"

Als Franz Josef Strauß mit hochrotem Gesicht am Tatort erscheint, steigert sich die Aggressivität bei vielen zur Pogromstimmung: „Das haben wir Helmut Schmidt zu verdanken!", „Franz Josef, räum endlich auf!" rufen sie. Ein junger Mann wirft kleinlaut ein, das Ganze würde ihn an Bologna erinnern. Da zeigt ihm ein älterer Mann die geballte Faust und schreit ihn an: „Sag das noch mal, du Kommunistensau!"

Wir schweigen, gehen weg. In meinen Aufzeichnungen über die Nacht des Wies'n-Attentats steht als letztes: „Als wir unser Auto suchen, kreuzen wir noch eine Gruppe von Jugendlichen, die grölend nach Bierdosen tritt."

6.

„Geredet haben wir nie darüber“

Der Ausstieg

Ungefähr eine Woche nach dem Bombenanschlag auf das Amtsgericht hatten wir eine Auseinandersetzung mit KBW-Leuten. Die hatten eine Nacht vorher einen Freund von uns angepöbelt und verprügelt. Wir sind also nachts zum KBW-Haus gefahren, um es zu stürmen. Wir haben erst geklingelt, dann rumgepöbelt, schließlich gab es die ersten Rangeleien vor der Tür. Die Roten haben sich im Haus verschanzt, und auch wir haben uns kurz zurückgezogen. Wir begannen Pflastersteine aus dem Boden zu reißen. Wir waren in Bombenstimmung – alle uniformiert und mit Gummiknüppeln. Inzwischen war es sehr spät geworden. Die KBW-Leute hatten wohl über einen Alarm-Notdienst Verstärkung herbeitelefoniert. Als die nach und nach mit ihren Wagen anrückten, haben wir sie mit Steinen empfangen. Dann haben wir die Scheiben ihres Hauses zertrümmert. Steine flogen hin und her. Das Ganze hat so um die vier Stunden gedauert.

Gegen 4 Uhr morgens war ich endlich zu Hause. Um 6 Uhr klingelte es an meiner Wohnungstür. Drei Bullen fragten nach mir und zeigten einen Durchsuchungsbefehl – Alles bekannte Gesichter. Die haben eine Stunde lang gesucht, fanden aber nur einen Code für den Polizeifunk. Ich habe gerade noch Zeit zum Duschen gehabt, dann haben sie mich mitgenommen. Im Kommissariat der Jordanstraße habe ich meine erste erkennungsdienstliche Behandlung bekommen. Mertens war auch da. Als er mich sah, deutete er den Hitlergruß an. Dann haben sie mich zur Vernehmung ins politische Kommissariat in die Herschelstraße gebracht. Dort traf ich auch Schulze, Mertens und Meyer. Das hatten mir die Bullen schon angekündigt.

Als erstes haben sie mir NSDAP-Propagandamaterial gezeigt und angebliche Aussagen der anderen. Dann sprachen sie mich auf den Strengstoffanschlag auf das Amtsgericht an. Ich habe die Aussage verweigert. Da haben die geblufft und gesagt, die anderen hätten schon längst ausgepackt. Als ich trotzdem hart blieb, sagten sie: „Dann müssen wir Sie erst mal hierbehalten!" Ich wurde im Kommissariat Hardenbergstraße eingesperrt. Das war erst mal ziemlich deprimierend: Zelle, Gitter, keine persönlichen Sachen mehr. Es war höllisch kalt. Die haben mich einen ganzen Tag lang schmoren lassen. Mittags und abends habe ich Essen bekommen. Das war aber so miserabel, daß ich es zurückgehen ließ. Später habe ich eine Decke bekommen und mich schlafen gelegt.

Gegen 21 Uhr kamen Kripobeamte zu mir und sagten, daß sie mich laufenlassen würden; vorher aber müßte ich noch einmal mitkommen. Im politischen Kommissariat haben sie mir wieder gedroht: „Wenn Sie jetzt nichts sagen, müssen wir Sie hierbehalten." Sie haben mich noch einmal nach dem Sprengstoffanschlag und meiner Zugehörigkeit in der NSDAP ausgefragt. Ich hab zu beidem die Aussage verweigert. Dann haben sie mich doch gehen lassen. Die anderen waren auch wieder frei; alle hatten, entgegen den Abmachungen, etwas ausgesagt. Aber eher solche Sachen, über die sich die Bullen ärgern – gefälschte Aussagen. Ich habe mich zunächst mit Mertens getroffen, um mich zu vergewissern, daß er nichts Wichtiges gesagt hatte; danach habe ich Schulze aufgesucht, der hatte aber auch dichtgehalten. Am selben Tag bin ich noch zu meiner damaligen Freundin gegangen und habe ihr erzählt, was passiert war. Im nachhinein war ich eher stolz. Meinen Eltern habe ich nichts erzählt. Daß ich etwas mit dem Bombenanschlag zu tun hatte, haben die Bullen wahrscheinlich über Observationen rausbekommen, vor allem durch dieses Gespräch, das ich damals in diesem Café in der City geführt habe. Am nächsten Morgen stand dann auch in der Presse: Rechtsradikale aufgeflogen!

Nach dem Anschlag auf das Amtsgericht war ich noch bei einer Aktion in Bremen dabei, am 18. und 19. November 1977. Wir sind mit 25 Leuten aus Bremen, Hamburg und Hannover durch ein Bremer Kommunistenviertel gezogen und haben dabei laut alte Lieder gesungen. In Zeitungsberichten stand dann auch prompt: Nazis zogen durch das Ostertor. Dann haben wir uns noch in eine Kneipe gesetzt und etwas getrunken – bis die Polizei kam. Der Einsatzleiter fragte uns, ob wir Nazi-Lieder gesungen hätten. Wir waren alle uniformiert und haben ihn dann erst einmal verarscht: „Nein, Herr Wachtmeister, wir haben ‚Hänschen klein' gesungen."

Der Bulle meinte, wir sollten uns auflösen, sonst würde er uns festnehmen lassen. Wir sind aber einfach weitermarschiert. Da kamen plötzlich etwa zehn Streifenwagen auf uns zu, aus denen Bullen rausgesprungen sind. Zehn von uns haben sie erwischt. Mich haben sie hinter einer Hecke hervorgeholt. Wir kamen alle aufs Revier, wo uns die Gummiknüppel abgenommen wurden. Aber wir haben uns glänzend amüsiert, irgendwo fühlten wir uns geschmeichelt. Dann haben sie uns auf Zwei-Mann-Zellen verteilt. Ich war mit einem aus Hamburg zusammen. Der hat mir gleich gesagt: „Die lassen uns bestimmt bald raus." – Er war das wohl schon gewohnt. Ab und zu ging eine Tür auf, und irgendeiner wurde freigelassen. Ich kam als vorletzter dran. Wir haben uns dann alle am Bahnhof getroffen, im Restaurant.

Solche Geschichten wie in Bremen gaben uns immer Gelegenheit, geschlossen aufzutreten und unsere Uniformen vorzuführen. Wir in Hannover hatten eher Phantasie-Zusammenstellungen: Zur Uniform gehörten schwarze Stiefel, Knobelbecher oder Springer-Stiefel, zum Teil aus alten Bundeswehrbeständen. Dazu trugen wir schwarze Cordhosen und braune oder grünlich-braune Hemden, die an den Schultern zwei Klappen hatten. Darüber hatten viele von uns eine schwarze Lederjacke. Ans Revers steckten wir uns Totenköpfe. Originale waren das meistens nicht. Die sind zu wertvoll, die gibt man nicht aus der Hand. Man kann die aber heute noch anfertigen lassen. Natürlich gehörte zur Uniform noch ein Koppel mit Schloß, am besten mit einer Odalsrune aus Chrom darauf. In unseren Kreisen kam man an solche Sachen leicht ran. Alle hatten irgendwelche Zeichen der Wehrmacht, HJ oder SA. Von der Polizei wurden sie meist übersehen und nur selten eingezogen. Kurze Haare und ein Gummiknüppel gehörten natürlich zum Standard. Wenn uns die Leute in diesem Aufzug sahen, haben einige aggressiv reagiert, vor allem Jüngere. Es gab aber auch Ältere, die sagten: „Nette Jungs" oder „Schön, daß es so etwas wieder gibt". Mit den Uniformen haben die Hamburger um Kühnen angefangen. Die hatten damit auch mehrere Fernsehauftritte, wie bei der Gründung der „Aktionsfront Nationale Sozialisten" (ANS), die letzte Nazi-Veranstaltung, an der ich teilgenommen habe.

Die Gründung der ANS in Hamburg am 26. November 1977 war richtig offiziell angekündigt worden. Die Idee dabei war, die ANS zu unserer offiziellen Organisationsform zu machen. Gleichzeitig waren ja die meisten von uns noch in der NSDAP/AO, im Untergrund also. Mehrere unabhängig voneinander arbeitende Zellen sollten den Aufbau einer neuen NSDAP vorantreiben. Alles, was mit der NSDAP zusammenhängt, kommt aus Amerika. Ich kann deshalb auch gar nicht sagen, ob irgend jemand einen richtigen Mitgliedsausweis der Partei hatte. Das brauchten wir eigentlich auch gar nicht. Jedenfalls sollte die ANS unser vorläufiger legaler Arm werden. Die Gründung sollte in einer Gaststätte stattfinden, wurde aber im letzten Augenblick verboten. Um das Lokal waren schon viele linke Gruppen aufmarschiert. Kurzfristig haben wir einen anderen Ort aufgesucht, auch eine Gaststätte. Wir sind getrennt dort hingefahren. Ich bin mit zehn oder zwölf Leuten aus Norddeutschland mit einem VW-Bus losgestartet. Unterwegs haben wir an einer roten Ampel noch die Bullen abgehängt, die uns hinterherfuhren. Als wir ankamen, wartete schon das ZDF und machte Aufnahmen von uns. Überhaupt waren viele Journalisten dabei, über die wir eigentlich ganz froh waren. Sie selber waren wahnsinnig scharf darauf, gutes Material zu bekommen.

Ungefähr fünfzig Leute haben dann der Gründung der ANS beigewohnt. Unser Emblem war eine rote Fahne mit einem weißen Kreis in der Mitte. Darin waren vier schwarze Haken gestickt. Kühnen hatte das entworfen. Irgend jemand hatte eine Freundin, die das Emblem umsonst genäht hat. Wir hatten uns für diese Fahne entschieden, weil wir glaubten, daß das Hakenkreuz immer noch zieht, und das wird wohl auch noch eine Weile so bleiben. Zunächst haben wir unter Ausschluß der Öffentlichkeit den „Bund Deutscher Mädchen" gegründet. Mitglied war nur ein einziges Mädchen.

Dann kam die ANS dran: Mehrere Leute haben Reden gehalten. Kühnen war der Chef und hat auch Interviews gegeben. Seine Grundziele waren erst einmal die Aufhebung des NSDAP-Verbots, die Forderung „Gastarbeiter raus", ein Punkt, glaube ich, war auch gegen Atomkraftwerke. Am Schluß sind wir alle aufgestanden und haben mit erhobenem Arm gesungen. Die Journalisten haben sich dabei ziemlich zurückgehalten. Die Bullen tauchten erst auf, als wir am Gehen waren. Am Abend sollte noch ein Kameradschaftsabend stattfinden. Die Hamburger hatten zur Feier des Tages extra Uniformen vom Bundesgrenzschutz gekauft. Aber ich wäre lieber gegen Rote losgezogen. Wenige Wochen später, im Dezember 1977, bin ich dann abgesprungen. Ich hatte neue Freunde kennengelernt. Mich faszinierten plötzlich andere Dinge, zum Beispiel das Disko-Leben. Gerade Diskotheken sind ja mit unserer Ideologie nicht zu vereinbaren. Und die neuen Leute waren einfach bessere, intelligentere Typen, mehr aus meinen Kreisen. Die Ideologie war nicht mehr so wichtig. Ich habe damals schon begriffen, daß Nationalsozialismus Unfreiheit und Eingeschränktheit bedeutet.

Ich kann auch nicht sagen, daß bei uns in der Gruppe je so etwas wie emotionale Wärme bestand. Wir haben uns zwar gefreut, wenn wir uns gesehen haben, und das hat man dann auch gezeigt; wir haben uns stürmisch begrüßt und auch umarmt. Aber ansonsten ging alles sehr zackig zu: Schulterklopfen, kräftiger Händedruck, kein Bruderkuß oder Streicheleinheiten oder so. Die Streicheleinheiten mußte jeder selber zusehen, wo er die herbekam. Geredet haben wir nie darüber.

Zur Gruppe gehörte Aggressivität. Die Aggressivität wurde durch die Komplexe angeregt. Ich habe mir dadurch selbst auch viel vorgemacht, viel Wahrheit verdrängt. Ansatzweise hatte ich schon vorher leichte Zweifel, ob die ganze NS-Gruppe vielleicht nicht doch im Widerspruch zu meiner Sprache, zu meiner Lebensführung, zu meinem Lebensstil stand. Das kam so allmählich, und ich habe mich langsam zurückgezogen. Ich habe mich an Schulze gewendet und ihm gesagt, daß ich aussteige. Schulze war der Chef und sagte, daß er das akzeptiert. Mit meinem Freund Mertens habe ich nicht darüber gesprochen, denn ich war damals gar nicht mehr richtig mit ihm befreundet. Er hatte sich von mir schon übergangen gefühlt, als ich ohne ihn das Ding mit der Bombe durchgezogen habe. Die anderen, die von meinem Ausstieg gehört hatten, gaben mir zu verstehen, daß das so lange o.k. ist, solange ich die Klappe halten würde. Mit diesem Schritt hatte ich eine wichtige Phase meines Lebens abgeschlossen.

Wer überwacht das Volksempfinden?

Schlimmer noch als Stefans Einstieg in die Nazi-Szene ist dieser Ausstieg. Es ist nicht so, daß er mir bei der lapidaren Erklärung seines Schrittes etwas verschwiegen hat. Obwohl ich selbst auf diesem Punkt an drei verschiedenen Treffen hintereinander herumgehackt habe, bis ich es schließlich verdaut hatte: daß man aus einer Gruppe, die sich die Auferstehung Hitlers und seines Regimes wünschte, die sich einbildete, mit Schmierereien und Drohungen, Schlägereien und Bomben ein neues Nazi-Reich verwirklichen zu können, für die Stefan, weil er immer „so heiß auf extreme Geschichten" war, womöglich noch ganz andere Anschläge als den auf das Amtsgericht in Hannover verübt hätte, mit einem Achselzucken aussteigt.

Einfach so, wie es im Text steht: Weil er neue, „bessere" Kreise kennengelernt hatte, weil Diskos und der Glimmer der Schicki-Mickis plötzlich mehr lockten als die C&A-Cordhosen und die Mettwurstbrote seines „Führers" Otte und weil – dies aber auch nur halbherzig zugegeben – er irgendwo und irgendwie erkannt hatte, daß, falls es ihnen tatsächlich eines Tages gelungen wäre, ein neues nationalsozialistisches System aufzurichten, dies am Ende für ihn persönlich vielleicht „Einschränkungen“ mit sich gebracht hätte.

Mit denen aber wird er in seinem nächsten Lebensabschnitt erst einmal überhaupt nichts anfangen können: Kaum hat er den alten Kameraden ade gesagt, schmeißt er die Schule hin und sucht sich fortan die Bestätigung, die er vorher durch Hausdurchsuchungen, Presseartikel und Lob von selbsternannten NSDAP-Funktionären bekommen hatte, durch eine ganze Latte von „krummen Dingern“, die ihm die Eintrittskarten zum ersehnten Kreis der „besseren Typen“ sichern; dort, wo man als Statussymbole nicht mehr Knobelbecher, Koppelschloß und Gummiknüppel vorzeigt, sondern sich mit „Dom Pérignon“ nachts in der Stammdiskothek, Bordellbesuchen, Autos und Klamotten ausweist.

Erst als er langjährige Haftstrafen absitzen wird, hat Stefan auch von diesen Touren die Nase voll, und er beginnt damit, zunächst noch während seines Freigangs, später dann auch nach seiner Entlassung aus dem Gefängnis, sich zielstrebig und ehrgeizig eine sogenannte bürgerliche Existenz aufzubauen. Aber auch bei diesem Weg ist es eine Entscheidung zugunsten des geringsten Widerstandes: Er hat keine Lust mehr, für die Befriedigung seines Egos in den Knast zu kommen.

Bevor ich anfing, mit Stefan zu reden, waren mir die Neo-Nazis als die Inkarnation des Bösen erschienen, die Pöbeleien der Rechten an meiner Schule als die persönliche Bedrohung schlechthin. Als ich an dieser Stelle in der Geschichte Salges angelangt war, kamen mir die NPD-Aufmärsche sonnabends in der City plötzlich wie Räuber-und-Gendarm-Possen vor und die Parolen der Jung-Nazis wie pubertäres Muskelprotzen.

Jetzt erst merkte ich, was an Stefan wirklich erschreckend ist: Daß einer vom Nazi zum Terroristen, vom gewöhnlichen Kriminellen zum angepaßten Bürger werden kann, ohne daß er im wesentlichen etwas an seiner Einstellung än-

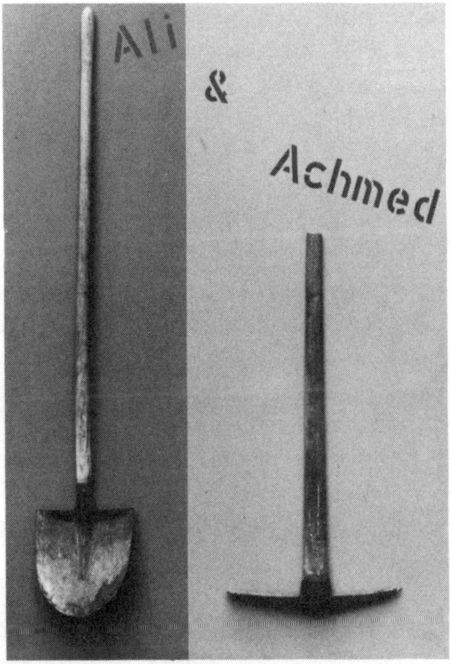

Wolfgang Flatz: „Ali und Achmed“

dern muß; ohne daß sich die Motivation, die ihn einst der rechten Szene zuführte, gewandelt hätte – nur der Rahmen, um sich Bestätigung zu holen, war jeweils ein anderer geworden.

Stefan unterscheidet sich auch sonst von allen militanten Rechtsextremisten, die ich bislang kennengelernt oder über die ich etwas gelesen habe. Seine Familie stammt weder aus den unteren sozialen Schichten, noch entspricht sein Bildungsstand dem eines Volksschülers, wie wissenschaftliche Untersuchungen unter rechten Jugendlichen den Durchschnittstyp des Jung-Nazis beschreiben. Von seinem Äußeren ist er das Gegenteil der Schlachter- und Buffertypen, die etwa Michael Kühnen um sich sammelt, um eine SA-ähnliche Schlägertruppe im Kampf auf der Straße einsetzen zu können. Stefan Salge weiß, wie sich ein Seidenanzug anfühlt und daß Giorgio Armani nicht einer der Kellner aus dem italienischen Restaurant ist, in dem er am liebsten zu essen pflegt. Stefan hat Hemingway und Dostojewski verschlungen. Im Wohnzimmer seiner Eltern stehen antike Möbel.

Daß er dennoch ein Nazi war und vorwiegend immer noch als solcher denkt, ließ ihn für mich so anziehend und abstoßend zugleich werden. Er machte es einem nicht mehr möglich, ihn als ein Monster zu dämonisieren, ihn jenem Bodensatz von Kriminellen zuzuordnen, die jede Gesellschaft nun einmal hat. Dazu ist er mir, ist er den Menschen, unter denen wir leben, viel zu ähnlich.

So stand plötzlich, mitten in der Recherche zu dieser Geschichte, mein Nazi-Bild kopf: Ich empfand Stefan als militanten Rechten, die Gruppen, denen er angehört hat, und auch jene, die immer noch in der Bundesrepublik agitierten, nicht mehr als eine persönliche Bedrohung und schon gar nicht als eine Gefahr für den Bestand und die Ordnung unseres jetzigen Systems – mochten sie noch so blindwütig zerstört und gemordet haben. Mochten sich ihnen noch so viele Fußballfans und jugendliche Arbeitslose anschließen. Und mochten manche Politiker auch weiterhin an einer chronischen Sehschwäche auf dem rechten Auge leiden.

Wer aber, fragte ich mich, schützt uns vor den Millionen von Menschen, die es Polizei und Justiz nicht so einfach machen, sich nicht durch ihre Uniformen, ihre kriminellen Aktionen und ihre ohne jede Rücksicht auf politisches Taktgefühl herausgebrüllten Parolen der Strafverfolgung auszusetzen? Jene, die, im Ton vielleicht moderater, genauso über Juden und Ausländer, über die deutsche Kriegsschuld und den Umgang mit politisch Andersdenkenden reden wie die Kameraden in Ottes schäbiger Dachstube?

Wer überwacht die abertausend deutschen Stammtischdiskussionen und Feierabendunterhaltungen, in denen honorige Väter und Mütter sogar für junge Friedensdemonstranten „Arbeitslager“ und „Vergasen!“ fordern, bei Geiselnahme durch Terroristen nach der wahllosen Erschießung von Gesinnungsgenossen rufen und türkische Mitbürger, die nichts anderes tun, als sich und ihren Familien durch undankbarste, schmutzigste Arbeit das Überleben zu sichern, als „Kümmeltürken“ und „Kanaken“ diffamieren?

Als ich Stefans Erklärungen zu seinem Ausstieg niedergeschrieben hatte, fragte ich ihn, ob er sich danach auch wirklich besser gefühlt habe. Er bejahte das entschieden: „Eigentlich“, sagte er, „war es mir immer etwas peinlich, vor den Menschen außerhalb der Gruppe in den ganzen Nazi-Klamotten rumzulaufen.“

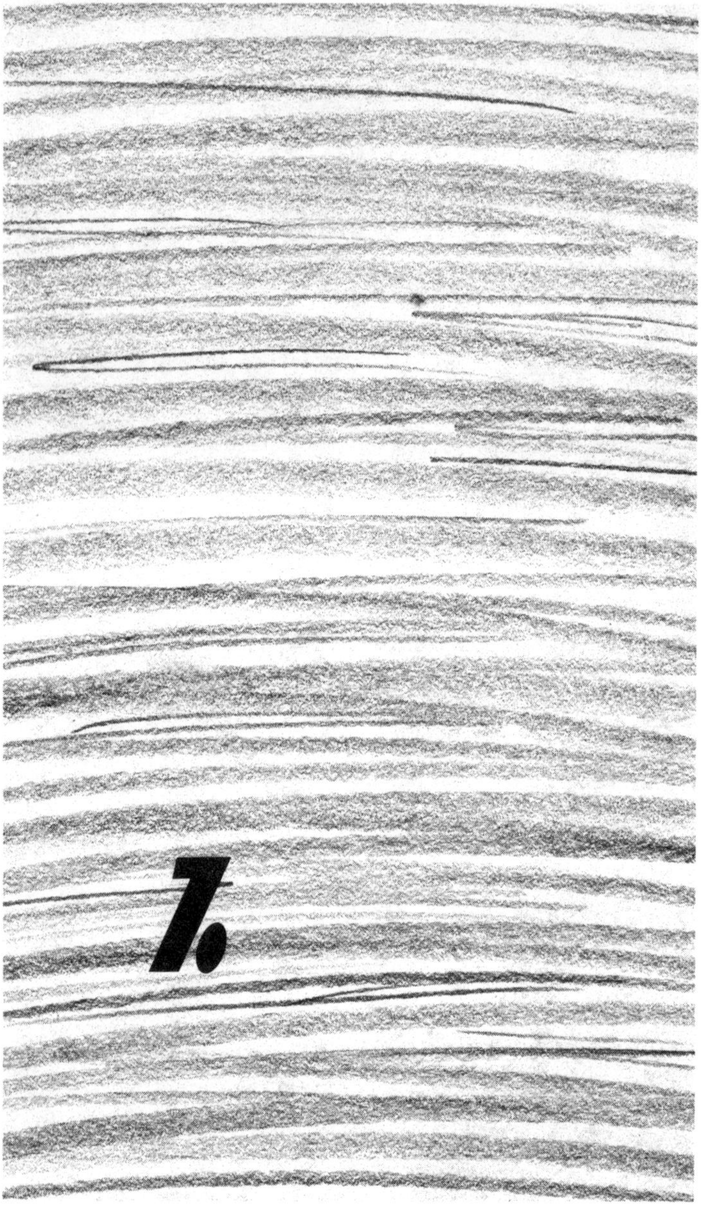

7.

„Die haben versucht, mich mürbe zu machen“

Stefan kommt in Isolationshaft

Das neue Jahr fing dann so an, daß ich rumgegammelt und krumme Sachen gedreht habe. Anfang Februar habe ich kurz vor dem Abitur die Schule hingeschmissen. Den Lehrern habe ich erzählt, ich wollte lieber eine Lehre machen. Wenige Tage später bin ich wegen eines Raubüberfalls in U-Haft gekommen. Erinnere mich bloß nicht an diese Geschichte. Da kriege ich jetzt noch ein schlechtes Gewissen. Oder wie würde es dir gehen, wenn du eine ältere Frau überfällst? Aber das Ganze ist alles ohne Absicht passiert.

Ich hatte mit einem Freund einen Einbruch geplant. Wir hatten uns ein Haus in einer ziemlich zentralen Gegend ausgesucht, in dem wir nur reichere Leute vermuteten. Dieses Haus war ein Bürohaus, mit nur einer Privatwohnung, die im obersten Stockwerk lag. Wir haben gewartet, bis die Frau, die in der Wohnung lebte, das Haus verließ. Da sind wir ganz schnell rein, hoch zum letzten Stock. Wir waren gerade dabei, eine Wohnungstür zu knacken, da hörten wir, wie jemand die Treppe hochkam. Wir sind ganz schnell ein Stockwerk höher gelaufen, dort, wo es zum Boden geht und uns niemand sehen konnte. Wir sahen, wie die Frau zurückkam und die Tür aufschloß, die wir gerade versucht hatten zu knacken.

Bevor wir überhaupt ein Wort wechseln konnten, ist mein Freund runtergestürmt und in die Wohnung gelaufen. Was hättest du da gemacht an meiner Stelle? Ich konnte doch meinen Freund nicht einfach im Stich lassen! Die Frau hat kaum ein Wort gesagt, die war wie gelähmt. Wir haben sie in einen Sessel gedrückt und anschließend ihre Wohnung durchsucht. Wir fanden etwas Geld, ein Sparbuch und mehrere Schecks. Dann sind wir abgehauen. Die Frau hat sich ziemlich schnell befreien können und hat sofort Alarm gegeben. Erwischt haben sie uns aber erst, als wir versucht haben, in einer Bank einen gefälschten Scheck einzulösen. Irgendwie darf ich da gar nicht richtig darüber nachdenken.

Am 28. April 1978 bin ich wegen dieses Raubüberfalls vom Jugendschöffengericht Hannover zu einer Jugendstrafe von einem Jahr und sechs Monaten ohne Bewährung verurteilt worden. Ich habe Berufung dagegen eingelegt. Bis zur Verhandlung wurde mir gestattet, eine Lehre bei einem Verwandten in einer anderen Großstadt zu beginnen. Ich mußte mich dort nur polizeilich mit zweitem Wohnsitz anmelden.

Ich habe da gut verdient, aber gereicht hat mir das immer noch nicht. So habe ich viele krumme Dinger gedreht in dieser Zeit, bin viel durch die Stadt gefahren, habe Diskotheken besucht und viele Frauen kennengelernt.

Im Oktober mußte ich wegen der Berufung zurück nach Hannover, die am 18. Oktober 1978 kostenpflichtig abgelehnt wurde. Ich mußte aber die Strafe noch nicht sofort antreten. So kam Anfang November erst einmal ein anderer Prozeß in Lüneburg wegen NS-Schmierereien und Klebeaktionen. Angeklagt waren außer mir Schulze, Mertens und Meyer. Stefan Seibert, Sohn reicher Eltern aus Hannover, der zeitweise bei uns mitgemacht hatte, hat den Kronzeugen gegen uns gespielt und wurde deswegen erst gar nicht angeklagt. Am 6. November 1978 wurde ich zu sechs Monaten

Haft verurteilt. Bei mir hat man die Strafe für den Raubüberfall dazugezählt, und so habe ich zusammen ein Jahr und neun Monate bekommen. Auch diese Strafe mußte ich nicht sofort angetreten. Ja, und dann habe ich noch ein Ding gemacht.

Wenn du eine krumme Tour drehst, hast du erst einmal mit deiner Angst zu tun. Die ist da, egal, wie cool du bist oder was auch immer du für Sprüche klopfst. Das größte Problem ist, einen Komplicen zu finden, der notfalls auch die Schnauze halten würde. Im Grunde genommen glaube ich nicht, daß man einen hundertprozentig verläßlichen Kompagnon finden kann. Wenn der erst einmal geschnappt wird und die Polizei dem erzählt, daß er soundso viele Jahre bekommt, es sei denn, er würde mit der Justiz zusammenarbeiten, dann quatscht fast jeder. Egal, ob er vorher mit dir befreundet war oder nicht. Am besten ist es also immer, du machst die Sache ganz allein für dich. Ich habe auch mein Lehrgeld bezahlen müssen.

Ich habe damals jedenfalls zwei Botinnen überfallen, die gerade ihre Geldbomben zur Bank brachten. Als ich die Frauen gesehen habe, hab ich mir einen Ruck gegeben und blitzschnell reagiert. Ich hab mir ein Halstuch vor das Gesicht gezogen und eine Pistole gezückt. Ich habe laut geschrien: „Hände hoch, Geld her!“ In diesem Moment ist mir auch noch die Pistole auf den Boden gefallen. Aber die beiden hatten zuviel Schiß und haben alles widerstandslos rausgerückt.

Eine Woche später, am 23. November 1978, bin ich deswegen festgenommen worden. Die Geschichte ist angeblich rausgekommen, weil mich eine alte Frau beim Versenken der Geldbomben im Mittellandkanal beobachtet hat. Ich kann mir aber auch gut vorstellen, daß sich ein ehemaliger Freund an mir rächen wollte und mich verpfiffen hat. Am 14. März 1979 verurteilte mich das Jugendschöffengericht in Hannover wegen räuberischer Erpressung unter Einbeziehung des Urteils von Lüneburg zu einer Jugendstrafe von fünf Jahren.

Seit meiner Festnahme im November 1978 sitze ich ununterbrochen im Gefängnis.

Als wir noch alle zusammen waren in der Gruppe, haben wir aus Spaß oft gesagt, wir kommen alle noch in die Kiste. Aber richtig geglaubt hat das niemand. Als es dann so langsam losging, als ich die ersten Nächte in U-Haft verbrachte, hat mich das eigentlich nie richtig abgeschreckt. Ins Gewissen geredet hat mir auch niemand. Aber die Aussicht, richtig in den Knast zu kommen, macht dir wahnsinnig viel Angst. Schon allein wegen der Freunde und Verwandten. Als es bei mir soweit war, habe ich meine Eltern vor vollendete Tatsachen gestellt. Auf Vorwürfe bin ich nicht eingegangen. Trotzdem haben sie mich nicht fallengelassen.

Wenn du in den Knast kommst, bist du als jemand, der wegen politischer Dinge verurteilt wurde, erst einmal ziemlich allein. Die meisten sind wegen irgendwelcher Raubgeschichten drin und nicht wegen politischer Vergehen, schon gar nicht wegen Nazi-Sachen. Auch wenn viele Leute oft über Nazis gesprochen haben. Ausgenommen natürlich die Drogen-Leute, die meistens links stehen. Aber ein Teil setzt sich aus rüden Knackis zusammen, die zwar bei den Wahlen SPD wählen, weil sie hoffen, daß sie durch die SPD eher rauskommen, aber andererseits rassistisch und nationalistisch sind und stolz von ihrem Führer sprechen. Ich habe mich immer bemüht, nicht über politische Sachen zu sprechen, weil man sonst ein Außenseiter bleibt.

Außerdem hatten im Knast, wo ich am Anfang gesessen habe, die Zigeuner das Sagen, und die sind nicht gut auf Nazis zu sprechen. Ich habe noch nie einen Zigeuner kennengelernt, der nicht kriminell ist. Aber die haben eine gute Lebenseinstellung, die viel mit Spaß und wenig mit Arbeit zu tun hat. Ich habe mich sehr gut mit ihnen verstanden.

Am Anfang habe ich auch etwas Glück gehabt, weil ich gleich zwei gute Bekannte traf, die respektiert wurden. Das hat mir sehr geholfen. Jeder, der neu ist, muß sich erst einmal gegen die Alteingesessenen durchsetzen. Das funktioniert nach einer ganz dummen und primitiven Anmache. Du kommst zum Beispiel in den Gruppenraum rein, in dem hundert Stühle stehen. Einige sind noch frei, aber da haben ein paar Leute ihre Füße drauf. Wenn du dir das gefallen läßt und weggehst, wirst du gleich als Handlanger abgestempelt. Du mußt den Stuhl einfach wegziehen und eine Schlägerei in Kauf nehmen. Auch wenn du schwächer bist und nur einsteckst. Du mußt dich stellen: Wenn du tapfer bist, wirst du am nächsten Tag in eine bestimmte Gruppe eingeladen und akzeptiert.

Mir haben sie gleich in den ersten Tagen auch eine Bewährungsprobe gestellt. Ich stand gerade im Waschraum, da kam so ein kleiner Pöks rein von vierzehn Jahren, der aber wie zwölf aussah. Hinter ihm standen plötzlich drei, vier Brecher. Der Kleine kommt zu mir rüber, stößt mich an und sagt: „Willst du dich schlagen?" Ich wußte genau, wenn du dem Kleinen etwas tust, kriegst du von den Großen Schläge. Aber es gibt eben nur zwei Möglichkeiten: Entweder du läßt es dir gefallen, dann bist du ein Hinz, oder du schmierst dem Kleinen gleich ein paar Ohrfeigen und mußt dich dann mit den Großen prügeln.

Ich habe also dem Kleinen eine gelangt, und die Großen sind dann sofort zu mir rübergestiefelt und haben dumm rumgesabbelt: „Kleine schlagen, wa? Das haben wir gerne!" Ich hab gleich so ein paar gedröhnt bekommen, daß ich am nächsten Tag ein blaues Auge hatte. Aber ich habe mich so lange gewehrt, bis ich auf dem Boden lag, dann sind sie weggegangen. Aber am nächsten Tag sind dieselben Typen tatsächlich in meine Zelle gekommen und haben mit mir einen Kaffee getrunken. Da sind wir ins Gespräch gekommen, erst einmal natürlich mit den üblichen Angebergeschichten.

Im Knast und auch schon vorher draußen habe ich meine ersten Erfahrungen mit Drogen gemacht. Das klingt zwar wie ein Klischee, aber im Knast kann man wirklich alles bekommen: Ich habe Hasch, LSD und Heroin probiert. Ich habe nie Angst dabei gehabt. Kokain ist auch eine gute Droge, da schwören viele Freunde von mir drauf. Weißt du, was stark ist? Wenn du mit einer Frau bumst, mußt du dir, ohne daß sie es merkt, ein bißchen Kokain auf die Eichel streuen. Wenn du dann eindringst, geht das der Frau sofort ins Blut, und sie ist im siebten Himmel. Die fährt dann natürlich voll auf dich ab.

Ich glaube, daß die Drogen und das Nachtleben, das ich eine Zeitlang geführt habe, mir schon dabei geholfen haben, alles, was auf mich zukam, zu verdrängen. Ich habe dann aber damit aufgehört, weil ich nie richtig darauf konnte. So etwas wie ein Suchtgefühl habe ich auch nie gespürt. Schulze dagegen, der mal richtig süchtig war und auch eine Entziehungskur hinter sich hat, schämt sich unheimlich für seine Vergangenheit. Für ihn waren Drogen ein Tabu-Thema. Selbst gedealt habe ich nie. Das Geschäft ist mir zu schmutzig, weil man andere damit kaputtmacht. Und außerdem ist es zu gefährlich – da gibt es bessere Sachen, um Geld zu machen.

Inzwischen hatte ich die ganze Geschichte mit der Bombe und den Nazis längst vergessen. Die Sache war für mich abgeschlossen, ich hatte das verarbeitet. Doch Ende April 1979 passierte es dann, daß der Bundesgerichtshof gegen mich Haftbefehl wegen Mitgliedschaft in einer terroristischen Vereinigung und wegen des Sprengstoffanschlags erhob. Am 1. September sollte mein Freigang losgehen, mit dem ich eine Lehre in Hannover beginnen wollte. Ich habe große Angst gehabt, daß das alles wieder rückgängig gemacht werden könnte. Ich habe ein Schreiben an den Bundesgerichtshof aufgesetzt und meine Bereitschaft zum Auspacken mitgeteilt. Das habe ich ganz allein gemacht, ohne daß jemand mir dabei geholfen hätte.

Ein Bundesanwalt hat mir sofort geantwortet. Er schrieb, daß er Beamte zu mir schicken wolle und daß meinen Plänen nichts im Wege stehen würde, wenn ich wahrheitsgemäß antworten würde. Die Beamten sind extra aus Bonn angereist. Im Juni bin ich erstmals drei Tage lang vom BKA verhört worden. Am ersten Tag etwa vier, an den beiden anderen Tagen jeweils sieben Stunden. Das waren clevere Leute, aber auch korrekt in ihrem Verhalten. Intellektuell waren sie den üblichen Kripo-Beamten deutlich überlegen. Das hängt natürlich auch davon ab, wie man sich benimmt: Ich persönlich bin immer für bessere Umgangsformen. Sie haben mir sofort zu verstehen gegeben, daß man das Gefühl hat, wenn du gut aussagst, kommst du eher raus. Irgendwie haben die sich auch gefreut, daß ich mitarbeiten wollte.

Ich brauchte zu diesem Zeitpunkt auch keine Bedenken zu haben, ehemalige Freunde zu verraten, da diese bis auf Schulze alle umfassend ausgesagt hatten. Besonders enttäuscht war ich davon, daß selbst Otte – wenn auch widersprüchlich und ungenau – ausgepackt hatte. Später beim Prozeß hat er diese Aussage allerdings widerrufen und als gefälscht dargestellt.

Anfang Juli wurde dann der Haftbefehl vom Bundesgerichtshof aufgehoben. In einem Schreiben teilte die Bundesanwaltschaft außerdem mit, daß gegen den Freigang keine Einwände mehr bestünden. Danach habe ich auch von der Anstaltsleitung in Hameln die Genehmigung für meine Lehre bekommen.

Ein Jahr lang gab es keine Schwierigkeiten. Hin und wieder wurde ich noch vom BKA verhört. Doch eines Tages gab es einen deprimierenden Einschnitt: Nichtsahnend kam ich von der Arbeit in die Anstalt zurück. An der Pforte warteten Vollzugsbeamte. Sie sagten: „Herr Salge, setzen Sie sich erst einmal hin. Wir müssen Ihnen leider etwas mitteilen."

Sie eröffneten mir, daß ich vorerst auf Anweisung der Bundesanwaltschaft vom Freigang abgelöst werden würde. Inzwischen sei die Anklageschrift verfaßt und beim Oberlandesgericht Celle eingereicht worden. Zusätzlich hatte der

Bundesanwalt einen neuen Haftbefehl gegen mich beantragt. Begründet wurde er damit, daß ich während der Verhöre meine Aussage gegenüber Schulze auf irgendwelchen Druck hin geändert hätte. Angeblich befürchtete man, daß die Anklageschrift bei mir Stress und Fluchtgefahr auslösen würde.

Zusammen mit meinem Anwalt bin ich zu einem Anhörungsverfahren nach Celle gefahren. Der Bundesanwalt hat sich im Gespräch fair gezeigt, es herrschte eine ruhige Atmosphäre. Am Ende wurde der neue Haftbefehl zwar, wie beantragt, ausgesprochen, aber gegen eine hohe Kaution vom Vollzug ausgesetzt, so daß ich im Freigang bleiben konnte. Ich bekam die Auflage, keinen Kontakt zu meinen Mitangeklagten oder anderen Neo-Nazis zu halten. Das Ganze hat sich über drei Wochen hingezogen. Ich habe mich in dieser Zeit nicht besonders gut gefühlt.

Der Prozeß wegen des Bombenanschlags auf das Amtsgericht und anderer Nazi-Geschichten sowie wegen der Mitgliedschaft oder Unterstützung einer terroristischen Vereinigung begann dann Ende 1980 in Braunschweig. Angeklagt waren nur Otte, Lepzien, Schulze und ich, weil die Staatsanwaltschaft davon ausging, daß wir uns am 1. Oktober – dem Tag, an dem die Bomben übergeben worden waren – zu einer Vereinigung zusammengeschlossen hatten, die auf Anschläge aus war, und daß wir uns im Gegensatz zu den anderen, die damals dabei waren, über die „Unterordnung unter den von Otte als Führer geleiteten Gemeinschaftswillen" einig waren. So steht es jedenfalls in der Urteilsschrift. Meyer gehörte auch zu dieser Vereinigung, hat aber den Kronzeugen gegen uns gespielt und sich dadurch freigekauft. Zusätzlich dagegen kam Sachse vor Gericht, weil er ja die Bomben besorgt hatte.

Der größte Idiot bei diesem Verfahren war Otte. Erst einmal hat er alles geleugnet, dann hat er sich ständig widersprochen; am Ende hat er kräftig phantasiert. Es war dann auch so, daß viele ehemalige Kameraden, die großes Interesse hatten, draußen zu bleiben, natürlich wahnsinnig viel gequatscht haben, so wie Meyer, bei dem das ja letztlich auch aufgegangen ist. Aber sie haben sich auch gegenseitig belastet und oft widersprochen. Wie zum Beispiel dieser Kurt Wolfgram, den sie in München erschossen haben. Der gehörte ja auch zur Braunschweiger Gruppe und soll sogar mit Ottes Tochter zusammen gewesen sein. Wolfgram hat Otte erst belastet, dann hat er seine Aussage widerrufen. Genauso unglaubwürdig hat sich Klaus-Dieter Hewicker – auch einer von Ottes Leuten – verhalten, den sie wegen des Bombenanschlags in Antwerpen verdächtigen. Nur daß er viel dümmer als Wolfgram ist.

Ich selber habe während der Hauptverhandlung auch meine Aussage korrigiert – gegenüber Günther Schulze. Ich habe das gemacht, weil er nicht so war, wie im Prozeß behauptet wurde. Ich habe gesagt, daß Schulze gegen den Bombenanschlag gewesen sei, weil er solche Art von Gewalt ablehnte.

Ich habe nicht damit gerechnet, daß sie mich deswegen in Isolationshaft stecken würden. Das war die schlimmste Zeit, die ich im Knast durchgemacht habe. Die haben versucht, mich mürbe zu machen. Fast sieben Wochen lang war ich völlig allein. Die einzige Person, die du siehst, ist der Wärter. Dreimal täglich wird die Zelle zur Essenausgabe aufgeschlossen. Außerdem kommst du noch eine Stunde am Tag getrennt von den anderen zum Hofgang. Auch dabei wird man von einem Beamten begleitet. Wenn du Glück hast, kannst du dich ein wenig mit ihm unterhalten. Besuch habe ich in dieser Zeit abgelehnt, um nicht die hysterischen Familienmitglieder zu sehen. Wenn man in Isolationshaft kommt, muß man auf Teufel komm heraus versuchen, alles möglichst langsam zu machen: lange schlafen, waschen und so weiter.

Der Knast in Wolfenbüttel, in dem ich untergebracht war, ist ein Alptraum. Es gibt da zwei Häuser: Eins, das mindestens zweihundert Jahre alt ist, wird „Graues Haus" genannt. Dort habe ich gesessen. Das andere ist vielleicht hundert Jahre alt und heißt „Neues Haus". Von außen macht der Knast seinem Namen alle Ehre: Eine alte, grauschwarze Fassade. Als erstes mußte ich meine ganzen Sachen abgeben, dann habe ich eine wundervolle Uniform bekommen. Dann wirst du auf eine Art Innenhof geführt, um den drei Etagen voller Zellen liegen. Zwischen den Stockwerken, quer über den ganzen Innenhof, sind Netze gespannt, damit keiner Selbstmord begehen kann. Der Fußboden ist blank gebohnert, das einzige, was sauber war außer dem Beamtenzimmer. Ich bin dann in eine Zelle geführt worden, die jede Vorstellung überschreitet.

Das erste, was du denkst, ist: Wie kann ein Raum bloß so dreckig sein! Moder- und Uringestank schlagen dir entgegen. Dann schaust du auf die Toilette, um die der Putz schon längst abgefallen ist: Die Leitungsrohre liegen offen, der Klodeckel fehlt, statt dessen gibt es ein total verdrecktes Brett auf dem Becken. Die Wände sind wohl ursprünglich mal weiß und rot gewesen. Jetzt kleben daran überall Papierreste von Postern, die mit Zahnpasta an die Wände geheftet worden waren. Dicht bei dicht kann man Sprüche lesen, vor allem türkische. Der Fußboden ist aus Holz, die Fenster haben doppelte Gitter. Auch Tür und Möbel sind völlig verdreckt. Das Bett stinkt wie die Pest, und die Matratze ist gelb. Das war erst einmal die Einführung.

Ich habe dann gleich zu den Beamten gesagt: „In die Zelle gehe ich nur mit Gewalt rein. Ich bestehe auf einer anderen Matratze und einer richtigen Toilette." Die Beamten antworteten: „Das geht in Ordnung." Und haben dann erst einmal einen Antrag für die Matratze gestellt. Nach drei Tagen haben sie mir die Toilettenrohre überputzt – gestunken hat es trotzdem die ganze Zeit weiter.

Ich habe während der ganzen Isolationshaft viel gelesen. Gott sei Dank gab es eine große Bücherliste. Vor allem habe ich Hemingway und Dostojewski verschlungen. Ich habe es geschafft, ruhig zu bleiben, obwohl die Bereitschaft, alles, was die hören wollen, auszuplaudern, von Tag zu Tag steigt. Ich bin nicht weich geworden, weil ich mir immer wieder gesagt habe, das Ganze kann nur noch bis zum Ende des Prozesses dauern, also im Höchstfall vier Monate. Ich wußte, das halte ich aus. Ich habe diese Zeit nicht bereut, denn ich fühlte mich mit Schulze freundschaftlich verbunden.

Am 27. Februar 1981 kamen schließlich die Urteile: Unter Einbeziehung der vorangegangenen Strafen habe ich eine Jugendstrafe von sechs Jahren erhalten wegen der gemeinschaftlichen Herbeiführung einer Sprengstoffexplosion in Tateinheit mit Beteiligung an einer terroristischen Vereinigung – ein faires Urteil. Lepzien, der sich während des Ermittlungsverfahrens als Spitzel des Verfassungsschutzes herausstellte, ist merkwürdigerweise nicht wegen seiner Mitgliedschaft in einer terroristischen Vereinigung verurteilt worden, sondern nur wegen Beihilfe zum Herbeiführen von zwei Sprengstoffexplosionen und zum Vergehen gegen das Waffengesetz.

Dabei hat er so gut wie nichts unternommen, um die ganzen Aktionen zu verhindern, im Gegenteil: Gerade er hat uns zum Bombenanschlag immer wieder angestiftet. Wir hätten nie gedacht, daß Lepzien ein V-Mann sein könnte. Aber er hat es bestimmt wegen der Kohle gemacht. Er hat zwar gesagt, daß er nichts bekommen hat, oder er machte zu diesem Thema einfach keine Aussage. Aber der Verfassungsschutz hat Zahlungen bestätigt, die allerdings unter dem monatlichen Sozialsatz gelegen haben sollen. Aber niemand weiß das so genau. Ich persönlich glaube, daß er gut verdient hat. Er hat ja praktisch nie gearbeitet. Trotzdem hat er immer für uns bezahlt. Als V-Mann würde ich nie arbeiten – da könnte man mir alles Geld dieser Welt anbieten.

Nette Leute vor Gericht

24. Oktober 1981: ein ungemütlicher, verregneter Herbsttag, an dem Stefan und ich zu einem der letzten Male für diese Geschichte zusammentreffen. Auch Salges Ausdruck ist düster, er wirkt betroffen und zeigt verhaltenen Zorn, auch wenn er das, was ihm wohl durch den Kopf schießt, vor mir nur sehr vorsichtig über die Lippen bringt.

Drei Tage vorher hatte eine Sondereinheit der Polizei in Waldperlach bei München beim Versuch, eine Gruppe von Neo-Nazis festzunehmen, die beiden mit ausgestreckten Armen auf dem Boden liegenden Rechtsextremisten Kurt Wolfgram und Klaus Uhl erschossen. Immer noch sind die Zeitungen voller spektakulärer Details über eine angebliche brutale Schießerei zwischen Nazis und Sicherheitskräften, Leitartikler schaudern über die Gefährlichkeit des rechten Terrorpotentials und loben – im Chor mit dem bayerischen Innenminister Gerold Tandler – den entschlossenen Einsatz der Polizei in Waldperlach.

Stefan hatte beide flüchtig gekannt – zwei Jungen, die er mir als „weich", geradezu „kindisch" beschreibt und die dennoch, das lese ich später aus den Berichten über die beiden

Getöteten, wie Salge lebende Zeitbomben waren. Es ist nicht nur die Identifikation mit diesen ehemaligen Kameraden, die Ahnung, daß ihm womöglich nur zufällig ein ähnliches Ende erspart geblieben ist, die ihn an diesem Nachmittag so angeschlagen hat, sondern auch der Verdacht, daß wohl nicht alles in Wirklichkeit so verlaufen ist, wie es in den Zeitungen propagiert wird – womit er später bekanntlich recht behalten sollte.

Stefans Groll gilt allerdings auch Friedhelm Busse, Führer von eigenen Gnaden der „Volkssozialistischen Bewegung Deutschlands / Partei der Arbeit" (VSBD / PdA), mit der die gerade gestellten Neo-Nazis in Verbindung standen. Darunter stellt er sich offensichtlich den gleichen größenwahnsinnigen Prahlhans vor wie sein eigener ehemaliger „Führer" und Aufhetzer: „Busse", erklärt er mir, „ist bestimmt so ein Poltertyp wie Otte."

Zwei Jahre später besuche ich den Prozeß gegen den Poltergeist und einige seiner jüngeren Kameraden vor dem 3. Senat des Bayerischen Obersten Landesgerichts in München. Aber nicht das juristische Nachspiel der blutigen Nacht von Waldperlach will ich miterleben, sondern die Atmosphäre eines Gerichtsverfahrens, das mir allemal von seinen Angeklagten her mit dem gegen die terroristische Otte-Bande vergleichbar scheint. Auch wenn in diesem vielleicht größten Prozeß gegen Rechtsterroristen in der Geschichte der Bundesrepublik die Latte der Beschuldigungen noch spektakulärer geworden ist als beim Verfahren in Braunschweig: Die Neo-Nazis haben laut Anklage eine Bank überfallen, wollten Richter, Staatsanwälte und Politiker entführen und ermorden und hantierten mit Schußwaffen wie andere Menschen mit Fahrradpumpen.

Journalisten, die noch bei vergangenen Prozessen gegen Terroristen auf dem anderen politischen Extrem geunkt hatten, die Bundesrepublik hätte dabei polizeistaatliche Züge gezeigt, würden hier in der Schwabinger Schleißheimer

Straße bereits bei ihrer Ankunft im riesigen Justiz-Areal blamabelster Lügen gestraft werden. Zwei junge Polizisten in luftigen, kurzärmeligen Sommerhemden und mit einem Sprechfunkgerät in der Hand grüßen freundlich, als ich eintrete. Erst zwei Treppen höher und einen künstlich beleuchteten Gang weiter verraten ein halbes Dutzend herumstehender Polizisten und ein Justizbeamter, der penibel die Namen der Prozeßbesucher notiert, daß es in diesem Teil des Gebäudes nicht um eine der hier sonst üblichen Verhandlungen über Betriebskündigungen oder Firmenpleiten gehen muß. Mit einem auch bei Kontrollen auf Flughäfen gebräuchlichen Hand-Detektor werden alle, die in den Gerichtssaal wollen, nach Waffen abgetastet. Doch allzu genau scheint es das Piep-Gerät nicht zu nehmen. Ein vor mir kontrollierter Mann mittleren Alters, aus dessen Äußerungen ich später heraushöre, daß er mit den Angeklagten sympathisiert, dreht sich, kaum hat ihn der Polizist passieren lassen, um und frohlockt: „Das Ding funktioniert nicht – es hat meinen Schlüssel nicht bemerkt!"

Ich hatte mir für meinen Prozeßbesuch jene Tage ausgesucht, an denen das Verfahren längst aus den Schlagzeilen der Zeitungen verschwunden war. Vorbei jene Termine, in denen die Angeklagten ihre Stellungnahmen zur Person und zum politischen Werdegang abgegeben und damit breites Echo in den Spalten der Presse gefunden hatten. Nun hockt kaum ein Journalist auf den Plastikstühlen des Gerichtssaals. Nur zwei wackere Mitarbeiter des Bayerischen Rundfunks erscheinen noch abwechselnd zu den Terminen, an denen ausschließlich Zeugen vernommen werden.

Es ist, das wird von der ersten Minute an deutlich, ein Verfahren der – äußerlich zumindest – ganz normalen, ganz unauffälligen Leute, das in dem kleinen, überschaubaren Raum stattfindet. Niemand hat hier lange Haare oder unflätige Manieren, keiner zerrissene Jeans an oder provozierende Parolen auf den Lippen.

Der pausbäckigen Christine Hewicker, 24, die gelegentlich, bis zur richterlichen Ermahnung, mit ihrem Gatten turtelt, würde ich mich, wäre sie Krankenschwester, blind anvertrauen. Ehemann Klaus-Dieter, 27, auch ein alter Weggefährte Stefans, bekommt zwar durch eine dunkel umrandete, unmodische Brille als einziger der Angeklagten einen etwas nachdenklichen Touch, aber erst als er eines Morgens seinen vor Gericht bereits verkündeten politischen Gesinnungswandel auch durch eine unter dem Arm geklemmte *taz* manifestiert, wird es glaubwürdig, daß hier nicht der schüchterne, aber freundliche Verkäuferlehrling vom Farbengeschäft an der Ecke in den Gerichtssaal geführt wird.

Der Franzose Pascal Coletta, 20, ist ein schmächtiges, kleinwüchsiges Jüngelchen, bei dem man glaubt, ihn mit einem Hauch umstoßen zu können, und der als einziges auffälliges Merkmal seine stets teilnahmslose, arrogant wirkende Visage besitzt. Peter Fabel, 22, der sich im Gegensatz zu seinen Kameraden auch durch seine schwarze Kleidung als überzeugter Nazi zu erkennen gibt, sieht bei näherem Hinsehen zwar nicht gerade anheimelnd aus: Sein Gesichtsausdruck hat etwas Hinterhältiges, Fieses, und seine Tätowierungen am rechten Unterarm verraten schnell den Knacki. Aber sein Verhalten ist korrekt; freundlich lächeln sich der Rechtsextremist und sein fast gleichaltriger Begleitpolizist zu, als sich dieser im stickigen Gerichtssaal mit der Dienstmütze Luft zufächert.

Beim bloßen Anblick von Friedhelm Busse, 54, allerdings wird mir bereits nach wenigen Prozeßtagen übel: Dieses schwitzende, immer rot angelaufene Gesicht, sein lautes, aufdringliches Auftreten, sein immer gleiches blaues Oberhemd mit den großen Schweißflecken unter den Achseln – ein Mann wie aus dem Bilderbuch des „häßlichen Deutschen“, von dem es mir unvorstellbar scheint, daß er einst das Vorbild wild entschlossener Jung-Nazis gewesen sein soll. Aber von seinem Typ her paßt Busse zweifellos zu jedem teutonischen Stammtisch, in jeden Vereinsvorstand: Ein umtriebiger Bürger, immer gut gelaunt, immer jovial, selbst seinen Richtern gegenüber.

Kein Wunder, daß bei solch vertrauten Erscheinungen eine Zeugin aus Rennerod, dem Ort, in dem das Ehepaar Hewikker zusammen mit Kurt Wolfgram eine Filiale der Nassauischen Sparkasse überfallen haben soll, sichtbar Schwierigkeiten hatte, das Aussehen der Bankräuber, die sie aus nächster Nähe beobachtete, mit der Vorstellung in Übereinstimmung zu bringen, es könnte sich dabei um gefährliche Terroristen handeln. Als die beiden männlichen Täter mit „so 'nem Ballermann in der Hand" aus der Bank zu einem in der Nähe wartenden Fahrzeug stürmten, hätten sie so harmlos gewirkt, daß sie zunächst noch annahm, „es wären Schuljungs". Und über das Mädchen, das auf die Gangster wartete, kann die Zeugin wirklich nichts Genaues sagen, außer, daß sie eine „nette, junge Frau" gesehen habe.

Es ist ein Prozeß der ganz unauffälligen, der kleinen Leute, auch von den Zeugen her. Da ist der Fußbodenverleger, der sich auch bei dem Bankraub in Rennerod auf den Boden legen mußte und nun vor Gericht so aufgeregt ist, daß er ständig von seinem Stuhl aufspringt. Da ist eine andere Zeugin des Überfalls auf die Sparkasse, die zum Prozeß wie zu einem Ausflug ins Grüne mit der gesamten, erwartungsvoll grinsenden Familie erscheint. Da ist ein Busse-Bekannter mit Knast-Vergangenheit („wegen Geschäftsuntergangs, Herr Richter!"), der fast jede seiner Aussagen mit dem Satz „Ich müßte jetzt lügen" einleitet, was nicht einmal die etwas schläfrig wirkenden Richter im Zusammenhang mit einer Zeugenaussage zumindest komisch zu finden scheinen.

Auch eine Bemerkung des Anwalts von Christine Hewikker, der während der Verhandlungen sonst hauptsächlich damit beschäftigt ist, mit penetrantem Hundeaugen-Blick auf seine Kollegen zu starren, löst in diesem Saal wenigstens ein Stirnrunzeln aus, obwohl er ganz offensichtlich Fragen der

Verbindungen von Nazi-Gruppen zueinander mit den Lebenshilfetips der *Frau im Spiegel* verwechselt.

Als ihm der Zeuge Josef Peter Heggmair, der Chef der neonazistischen „Jungen Front", auf die Frage nach der Haltung seiner Gruppe zu Michael Kühnens „Aktionsfront Nationale Sozialisten" (ANS), bevor Busse sie zur Jugendorganisation seiner eigenen Partei umfunktionierte, berichtet, daß seine Leute zunächst von der ANS weit mehr angetan gewesen seien als von Busses VSBD, kommentiert er treuherzig: „Die Jugend ist ja immer ein bißchen aufschäumender."

Das ist wenigstens für das Publikum im Gerichtssaal zutreffend, das in seiner Mehrzahl aus Sympathisanten und Anhängern rechtsradikaler Organisationen besteht. Die älteren von ihnen geben ein Bild ab, das mit dem Auftreten der unscheinbaren, gutsituierten Herren mit dem Mercedes vor der Halle, wie ich sie unter den SS-Kameraden in Bad Hersfeld beobachtet hatte, auch nicht im geringsten mehr vergleichbar ist. Mit ihren dumpfen, stupiden Visagen, ihrer schäbigen Kleidung und ihrem eher unbeholfenen Verhalten in der Öffentlichkeit passen sie so recht ins Klischee von den ewiggestrigen, versponnenen Alt-Nazis am Rande der Gesellschaft, auf das so mancher Politiker und Publizist das Phänomen der Rechtsextremisten in der Bundesrepublik gerne reduziert sehen möchte.

Stumm hocken sie auf ihren Sitzen, nicken bei den Zeugenaussagen schon mal ein und raunen sich allenfalls auf dem Gang zum Gerichtssaal ein Wort des Kommentars zu. Nur wenn die jungen Nazis wieder einmal vorbeischauen, entsteht Spannung unter den Zuhörern. Wenn diese adrett und sauber wirkenden Jungen und Mädchen in der Verhandlungspause beim Rauchen zusammenstehen, dann suchen auch einige der Alten ihre Nähe, um sich endlich, im sicheren Kreise der Gleichgesinnten, Luft zu machen.

Es ist ein beängstigendes Gespräch, das ich eines Tages

mithöre, als ich mich an den Aschenbecher dränge, um den sie sich wie immer versammelt haben. Mißtrauisch werde ich von den jungen Rechten beäugt, denen nichts von der Publicity-Geilheit etwa eines Michael Kühnen und seiner Anhänger anzumerken ist. In ihrem Mittelpunkt steht zu meiner Verwunderung ein ausgesprochen niedliches Mädchen, das – wären da nicht die maßlos muskulösen Oberarme – mit ihren gepflegten blonden Haaren, den grell lackierten Fingernägeln und den hochhackigen rosa Halbschuhen ein bißchen wie eine Schaufensterpuppe aussieht. Mir fällt das Tagebuch des englischen Henkers John Albert Pierrepoint ein, als er beschreibt, wie anziehend und zerbrechlich eine der grausamsten KZ-Wärterinnen aus Bergen-Belsen ausgesehen habe, die er gehängt hatte, und ich wundere mich über mein naives Staunen, als ob ein hübsches Mädchen kein Nazi sein kann. Als ich in ihr abweisendes Gesicht blicke, macht es mich traurig, daß bereits zwischen Zwanzigjährigen Schranken bestehen müssen, die selbst ein Gespräch unmöglich machen.

Mehrere der jungen Rechtsextremisten halten die neueste Ausgabe des *Stern* in den Händen, die sie neugierig durchblättern. Der *Stern*, so konnte ich auch bei anderen Gelegenheiten beobachten, ist trotz der gegenteiligen Tendenz und Absicht in seiner Berichterstattung über die neuen Rechten das Leib- und Magen-Blatt der deutschen Neo-Nazis. Nirgendwo sonst finden ihre Taten so eine breite, gut illustrierte Resonanz. Gleichzeitig erscheint ihnen die in ihren Augen linke Ausrichtung der Zeitschrift Garant für die Glaubwürdigkeit bestimmter Informationen, etwa zu den Hintergründen der Schießerei in Waldperlach, auf die sie sich dann berufen können.

An diesem Vormittag liefert ein Kommentar zur SS-Vergangenheit des WDR-Chefredakteurs Theo M. Loch den ersten Gesprächsstoff. Der Fernsehmann wird mit Kommentaren bedacht wie „der Arme“ oder „Heuchler!“, als einer der

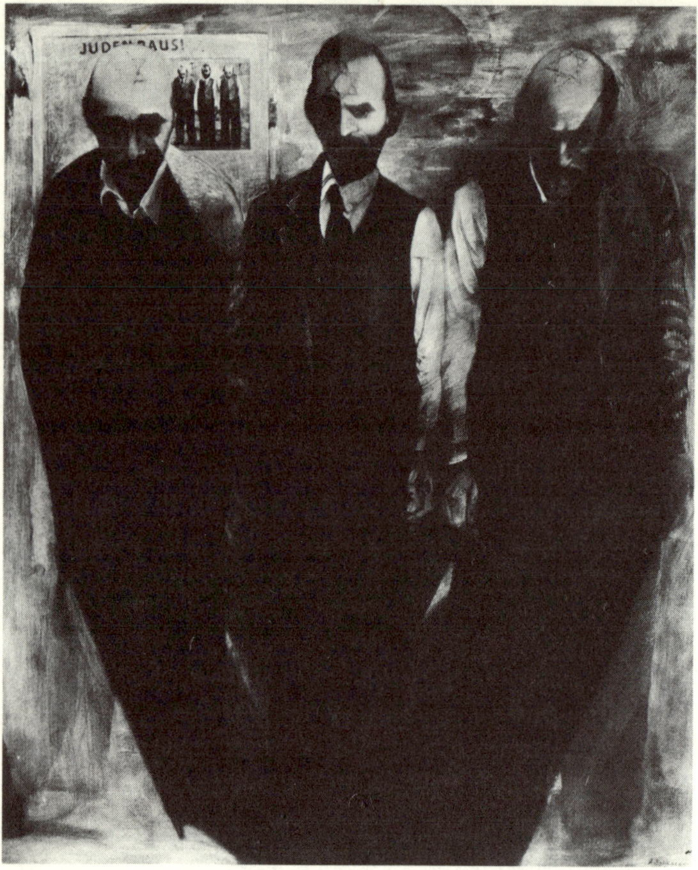

Akbar Behkalam:
„Wir wollen nicht die Juden von morgen werden“

Jungen bekanntgibt, Loch hätte seine SS-Zeit als längst überwundene Jugendsünde ausgegeben. Mißfallen findet auch die Nachricht, daß am Tag vorher ein Gesetz zur Wiedereinführung der Todesstrafe in England „leider“ durchgefallen ist.

Am ausführlichsten aber halten sie sich bei dem Thema „Türken“ auf. Der ältere Rechtsradikale, der mir bei der Kontrolle vor dem Gerichtssaal aufgefallen war, weil er den Detektor überlistet hatte, erinnert an den Fall der türkischen Schülerin, die sich umbrachte, weil sie die ständigen Deklassierungen und Diskriminierungen, denen ihre Landsleute in der Bundesrepublik ausgesetzt sind, nicht mehr ertragen konnte. Triumphierend berichtet der Mann von einer Meldung, die er in diesem Zusammenhang irgendwo gelesen haben will: Eine an der Schule des Mädchens nach deren Tod angeregte Unterschriftensammlung gegen Ausländerfeindlichkeit habe bei der Bevölkerung nur ein dürftiges Echo gefunden. Ein dicker Jung-Nazi kommentiert grinsend: „Wer mag denn schon die Türken?“

Diese Gesprächsfetzen erschrecken mich, weil zwar die dichte Aneinanderreihung der rechten Themen und Meinungen ungewöhnlich sein mag, nicht aber das, was zu den einzelnen Ereignissen verbreitet wird. Da ist mir so, als hörte ich noch das Echo ganz ähnlicher Ausrufe, die ich zuletzt an einer Tankstelle, beim Einkaufen, im Taxi aufgeschnappt hatte.

Ist nur die Alltäglichkeit, die Vertrautheit des Auftretens und des Aussehens von Angeklagten, Zeugen und Zuhörern der Grund dafür, daß während des Gerichtsverfahrens der Ton so verbindlich, die Atmosphäre so entspannt und freundlich wirkt?

Am Ende jedes Prozeßtages haben die angeklagten Nazis noch reichlich Zeit, sich mit Besuchern zu unterhalten. Über den knapp ein Meter breiten Anwaltstisch, der sie vom Publikum trennt, hinweg hat dann etwa Busse Gelegenheit, mit einem gleichaltrigen, ebenso großgewachsenen Freund zu plaudern, der so aussieht wie der propere „Edeka-Mann“

aus der Werbung. Man erkundigt sich nach der Familie, staunt über die vielen Pfunde, die der Chef-Nazi offensichtlich abgespeckt hat, berät sich über mögliche Leumundszeugen. Dem jungen, unbedarft wirkenden Polizisten, der für die Bewachung Busses verantwortlich ist, darf man es wohl kaum verübeln, daß er dem Angeklagten die Handschellen mit einem verlegenen, fast entschuldigenden Lächeln anlegt.

Da entwickelt sich, mitten in einer Zeugenvernehmung, dieser Dialog. Der Busse-Anwalt wendet sich plötzlich an das Gericht: „Herr Vorsitzender, könnten wir bitte eine Pause einlegen, dem Herrn Busse ist sehr übel." Sogleich hakt sein Mandant nach: „Mir ist so, als ob ich jeden Moment speien müßte, Herr Vorsitzender!" Daraufhin wendet sich der Herr Vorsitzende Karl Gietl, von dem wir spätestens seit der FIBAG-Affäre wissen, daß er gelegentlich Mitgefühl zeigte, wenn Not am rechten Mann war, väterlich an den Angeklagten: „An sich müßte es Ihnen doch heute besser gehen, es ist kühler geworden." Busse wehleidig: „Nein, die Beschwerden fingen schon in der Nacht an." Nun kümmert sich auch Jung-Nazi Peter Fabel um seinen stöhnenden Sitznachbarn. Deutlich hört man, wie er ihm Ratschläge zur besseren Atmung erteilt. Zehn Minuten später gibt das Gericht dem Wunsch des Chef-Nazis nach. Auf dem Gang sehe ich Busse, der den ganzen Tag lang die gleiche gesunde Gesichtsfarbe zeigt, locker mit Kameraden und Anwälten scherzen. Am Nachmittag wiederholt sich die Prozedur. Diesmal ist es Christine Hewicker, die dem Vorsitzenden ins Wort fällt, „weil ich so Kopfschmerzen hab". Nicht eine Minute vergeht, da wird die Verhandlung für eine Pause unterbrochen.

Ich wünsche dem Prozeß in München weder Stacheldraht und gepanzerte Polizeifahrzeuge vor dem Gerichtsgebäude noch peinlichste Körperkontrollen und Schikane gegen die Anwälte, schon gar nicht die eisigen und verkrampften Verfahren, wie sie gegen Mitglieder der Roten-Armee-Fraktion in der Vergangenheit inszeniert worden sind. Aber ich bezweifle, daß die friedliche Atmosphäre bei einem Prozeß gegen rechte Terroristen unbedingt darauf beruht, daß die deutsche Justiz aus dem Alptraum von Stammheim gelernt hat.

Diesen Verdacht bestätigte mir auch Stefans Geschichte, wann immer er von seinen Erfahrungen mit Polizei und Gerichten erzählte. Wie großmütig und verständnisvoll gegenüber den Abgründen rechtsradikaler Verirrungen hatten sie sich über all die Jahre gezeigt, ob bei der Verfolgung von brutalen Strafexpeditionen gegen K-Gruppen oder bei Observierungen von Hakenkreuze schmierenden Jung-Rechten am Vorabend von Führers Geburtstag, ob bei der monatelangen Aussetzung vom Vollzug schwerer Gefängnisstrafen oder bei der Gewährung des Freigangs zur beruflichen Fortentwicklung!

Einen älteren, grauhaarigen Herrn unter den Zuschauern, den ich anspreche, weil mir sein CSU-Parteiabzeichen am Jackett auffällt, plagen dennoch ganz andere Sorgen. Der Mann ist im Auftrag einer zweiten Organisation, deren Mitglied er ist, in München: Der „Hilfsgemeinschaft für nationale politische Gefangene und deren Angehörige" (HNG), laut Verfassungsschutzbericht 1982 „die zur Zeit bedeutendste neonazistische Organisation" in einigen Ländern der Bundesrepublik. Er beobachtet den Prozeß, weil er argwöhnt, „daß es nicht ganz mit rechten Dingen zugeht", obwohl er, wie er zugeben muß, dabei schon manch lustige Stunde miterlebte.

Gleich am Anfang des Prozesses, so erzählt er und bestätigen mir später Journalisten, erschien er mit einem auffälligen Werbe-T-Shirt der CSU im Gerichtssaal; darauf beklagte sich Busse, in Erinnerung an eine vergangene Strafe wegen unerlaubten Tragens einer Uniform bei einer Verhandlung, über die christlich-soziale Parteipropaganda. Der Gerichtsvorsitzende nahm die Beschwerde an und wies den HNG-Mann aus dem Saal: „Da habe ich mir gesagt, wenn du schon mal in der Modestadt München bist, dann gehst du auch in eine Boutique und kaufst dir ein schönes Hemd", erinnert sich der Mann schmunzelnd.

Als er neu eingekleidet in das Gerichtsgebäude zurückkehrte, fiel Busse sogleich das auf, was dem zuvor Getadelten beim Kauf angeblich unterlaufen war: „Kaum hatte mich Busse gesehen, rief er: ‚Jetzt gefällt mir der Mann – er hat ein Braunhemd an!'"

Überhaupt ist er ein Mensch, der bereitwillig über sich und seine Ansichten Auskunft gibt: Was seine Vorstellungen über die deutschen Grenzen anbelangt, sei er zwar ein „Revisionist", in allem anderen aber glaubt er, ganz tolerant zu sein. Als Besitzer eines Mietshauses in Nürnberg hat er den Nazi Ernst-August Balke nach dessen Haftentlassung großzügig in eine seiner Wohnungen aufgenommen, und sogar an „Kanaken" vermietet er, „aber immer nur an solche von einer Sorte, sonst gibt's mit den Deutschen Ärger".

Um seine Häftlinge, erzählt er mir stolz, kümmert er sich auch durch Anfragen auf „höchster politischer Ebene". Noch am selben Tag, an dem ich ihn ansprach, bittet er mich nach der Verhandlung zu seinem komfortablen Kombi-Wagen. Im Kofferraum, neben einer Plastiktüte mit CSU-Aufdruck, liegt ein Aktenkoffer mit Dokumenten, „die man nicht aus der Hand gibt": der Briefwechsel mit einem der namhaftesten Vertreter der bayerischen CSU-Fraktion im Münchner Landtag. Ich darf mir die Schriftstücke durchlesen.

In einem ersten Brief fordert der Nazi-Helfer den Abgeordneten auf, ihm bislang noch geheimgehaltene Informationen zu den Hintergründen der Schießerei in Waldperlach preiszugeben, und legt ihm als Anlage und unmißverständlichen Hinweis darauf, wessen Geistes Kind er ist, das Heftchen „‚Rechtsterrorismus' – was ist das" bei, in dem der berüchtigte Nazi Edgar Geiss eine Beteiligung rechter Extremisten an jeder Art von Gewalttaten, „ob in Bologna, Paris oder München", kategorisch abstreitet, gleichzeitig seine

Anhänger auffordert, sie sollten auch weiterhin „zum Sterben bereit sein, wenn Deutschland leben soll".

Bedauernd antwortet der Politiker dem „lieben Parteifreund", er könne ihm, solange die Ermittlungen und ein gerichtliches Verfahren noch nicht abgeschlossen seien, keine vertraulichen Informationen weitergeben. Da belämmert der HNG-Mann den Abgeordneten mit zwei weiteren Briefen, aus denen außer unverhohlenem nationalsozialistischem Gedankengut politische Wahnvorstellungen sprechen. Dennoch schreibt der Politiker dem Parteifreund, der sich rühmt, ihm bislang „bei jedem Wahlkampf aktiv zur Seite" gestanden zu haben, ein zweites Mal zurück. Als ob der HNG-Mann über die politische Gesinnung jener Personen, für die er sich einsetzt, noch nicht Bescheid wüßte, schickt ihm der Landtagsabgeordnete den neuesten Verfassungsschutzbericht. Mit „freundlichen Grüßen" und sicherlich würde man sich bald wieder „persönlich" sehen.

Da frage ich ihn, ob er denn keinen Widerspruch zwischen seiner Mitgliedschaft in der demokratischen CSU und in der neonazistischen HNG sehe. Nein, antwortet er sicher, das wäre überhaupt kein Problem, er sei doch schließlich nur „ein ganz normales Mitglied".

8.

„Heute will ich nicht mehr anecken“

Die Sehnsucht nach der bürgerlichen Existenz

Heute will ich mich nicht mehr politisch oder in irgendeiner anderen Form engagieren. Ich möchte lieber nicht anecken. Die Menschheit ist schlecht. Mit meinen Freunden bin ich ein ganz umgänglicher Typ – vor dem Rest schließe ich lieber die Augen. Ich kann Schweinereien auch nicht ertragen, aber inzwischen weiß ich, man kann doch nichts verändern. Ich habe resigniert, und daran wird sich auch in meinem künftigen Leben nicht groß was ändern. Es sei denn, die Roten marschieren in die Bundesrepublik ein: Dann würde ich – wie viele andere auch – selbst die Knarre in die Hand nehmen.

Ich glaube, daß ich gesellschaftlich mehr Durchblick habe als die Masse der Bevölkerung. Aber übermäßig politisch gebildet fühle ich mich nicht. Regelmäßig lese ich nur die *Hannoversche Allgemeine Zeitung* und den *Stern*, aber auch nur deswegen, weil er bei uns zu Hause herumliegt. SPD-Politiker sind mir ein Greuel geblieben. Selbst solche Leute wie Schmidt – der bleibt einfach ein Linker. Die SPD ist eine Verräterpartei. Da gibt es Widerstandskämpfer darunter, Leute, die auf deutsche Soldaten geschossen haben, die für die Ostverträge verantwortlich sind. Egal, wie du sonst auch bist –

ich mag diese Partei nicht. SPD bedeutet mitgefangen – mitgehangen. Da kann man mich nicht mehr von abbringen.

Hitler bewundere ich in gewisser Weise immer noch. Und dann imponieren mir die großen Feldherren. Von den heutigen Größen tut das niemand. Das heißt, Franz Josef Strauß ist mir sehr sympathisch, den habe ich bei den letzten Bundestagswahlen gewählt. Wenn Strauß an die Macht käme, würden vielleicht einige Menschen in unserem Lande weniger frei leben. Aber sonst wird man mit Chaoten und Randalierern nie fertig. Sicher, wahrscheinlich, müßte man einige Einbußen in Kauf nehmen. Dafür aber hätten wir ein stabileres Wirtschaftssystem, und wahrscheinlich hätte unsere politische Arschkriecherei gegenüber dem Osten endlich ein Ende. Ich bin für stärkere Fronten zwischen Ost und West – das ist schon eine Sache des Stolzes.

So ein Mann wie Reagan verhält sich ganz richtig. Natürlich kann er irgendwo eine Gefahr darstellen, weil ein härterer Regierungskurs weniger Ausgleich ermöglicht und leichter zu einem Krieg führen kann. Ich habe große Angst vor einem Krieg. Aber ein Mann wie Reagan ist immer noch tausendmal besser als solche Leute wie Schmidt und Brandt. Ich hasse es, wenn man mit Leuten paktiert, die versuchen, Deutschland zu knechten.

Eigentlich bin ich auch für Berufsverbote, auch wenn das eine Sache ist, die sich vor einigen Jahren genausogut gegen mich hätte wenden können. Aber in gewissen Grenzen ist das schon o.k., man darf es nur nicht übertreiben. Man muß darauf achten, daß nicht zu viele Kommunisten ungehindert in den Staatsdienst kommen. Sie haben die Macht, das Volk zu verführen. Unser System beruht ja darauf, daß die meisten Menschen unmündig sind, und das ist ja eigentlich auch ganz bequem. Einerseits natürlich für die Intelligenten, weil sie die Unmündigen besser lenken können. Andererseits aber auch für die Unmündigen, weil sie sich über ihr Leben keine großen Gedanken machen müssen.

Demokratie heißt ja wörtlich übersetzt „Volksherrschaft“. Aber irgendwo ist das Volk schon von Natur aus so unwissend, daß es gewisse Dinge nicht mehr beurteilen kann. Allein aus diesem Grunde kann eine totale Demokratie nie funktionieren. Aber ich will diesen Zustand nicht verändern: Dem Volk würde das nicht viel bringen, weil es ja nicht aus seinen Verhältnissen herauskommen will. Ich hielte es auch für falsch, die Menschen da gewaltsam rauszureißen. Wenn alle Menschen gleich wären, könnte ich viele Dinge, die ich anstrebe, nicht umsetzen – Karriere zum Beispiel.

Unser System gefällt mir, so wie es ist. Es hat die wenigsten Fehler, und die, die bleiben, nehme ich gerne in Kauf. Ich habe eigentlich nie ernsthaft geglaubt, unser System zu stürzen, auch wenn ich davon gesprochen habe. Letztlich war mir klar, daß ich es nicht wirklich wollte. Dazu ist unser System einfach zu bequem, es ermöglicht uns die größte Freiheit und den größten Luxus. Obwohl ja der Kapitalismus eigentlich genauso wie die Kriminalität eine Form von Egoismus ist und für mich Geld auch nicht das wichtigste im Leben ist. Ich versuche, mir noch andere Werte zu erhalten.

Aber politische Ideale habe ich heute keine mehr. Mit unserem System habe ich meinen Frieden geschlossen. Sicher kann ich nur sagen, daß ich meine Freiheit liebe. Freiheit bedeutet für mich, in Ruhe gelassen zu werden und daß man denken und sagen kann, was man will. Wenn ich darüber hinaus an Dinge denke, die mir wichtig sind, dann fallen mir als erstes Liebe, Zärtlichkeit, Schönheit ein. Ich glaube nicht, daß es zwischen den heutigen Parteien große Unterschiede gibt. Und mein Leben ist einfach nicht so lang, daß ich glauben könnte, daß in den fünfzig Jahren, in denen ich noch zu leben habe, noch groß etwas passieren wird. Es sei denn, es kommt ein Krieg. Insofern muß ich mir über politische Dinge auch keine großen Sorgen machen. Ich bin nicht unbedingt für Atomkraftwerke, ich glaube nicht blind an die

Technik. Irgendwo ist es beruhigend, daß wir nur noch fünfzig Jahre zu leben haben.

Materielle Güter haben für mich einen großen Wert. Sie bedeuten für mich mehr Freiheit. Mein Lebensideal ist, so gut oder so schwer zu arbeiten, daß ich eines Tages ganz mit dem Arbeiten aufhören kann.

Ja, Geld bedeutet vor allem Freiheit. Denn Arbeit ist die unangenehme Seite des Lebens, das Zwanghafte. In diesem Punkt gebe ich auch den Alternativen recht. Kurzfristig aber nehme ich viele Unfreiheiten in Kauf: Ich sage mir, lieber geht es mir jetzt etwas schlechter und dafür später besser.

Mit Karriere verbinde ich unheimlich viel Selbstbestätigung. Mein Traum ist der Traum von vielen. Eines Tages will ich auch raus aus Deutschland. Dorthin, wo Meer, Sonne und Strand sind. Ich bin überzeugt, daß ich das schaffen werde, früher oder später.

Meine Lieblingsschauspieler sind Jean Gabin und Burt Lancaster. Es gibt natürlich auch andere, die ich sehr gerne mag. Lieblingsschauspielerinnen fallen mir auf Anhieb keine ein. Ich höre gerne Bob Marley. Als der gestorben ist, hat mich das sehr traurig gemacht. Bei Bob Marley hat mir auch seine Theorie gut gefallen. Krebs – das ist schon eine Seuche. Meine Großeltern sind auch daran gestorben. Meine Großmutter hat dabei noch jahrelang geglaubt, sie hätte etwas Harmloses. Das ist ein großer Betrug, daß man ihr nicht die Wahrheit gesagt hat! Ich jedenfalls möchte im Alter lieber lange und bewußt sterben, als durch einen Schlaganfall auf der Straße umzufallen. Obwohl – hundert möchte ich nicht werden. Da bekommt man die Realität nur noch wie durch einen Nebel mit. Daß danach nichts mehr ist – das ist schon sehr bedrückend.

Glauben tue ich nicht. Ich glaube viel zu sehr an die Wissenschaft. In die Kirche gehe ich auch nie. Vielleicht habe ich immer dann an einen Gott geglaubt, wenn ich etwas von ihm wollte; da war ich in der 5. oder 6. Klasse. Wenn es einen Gott gibt, dann würde mich das natürlich beruhigen. Aber an christliche Dinge hat keiner von uns geglaubt.

Mit meinem Aussehen bin ich ganz zufrieden. Das heißt, es geht. Ich gucke viel in den Spiegel. Ich glaube, ich bin ziemlich eitel. In einen alten Schrottkäfer würde ich mich nie hineinsetzen. Ich mußte mal als Aushilfsfahrer in einem VW-Käfer sitzen. Da habe ich zufällig einen Freund von mir getroffen, eigentlich mehr ein Prolet, der einen Alfa Romeo fährt. Ich habe mich ganz schnell aus dem Staub gemacht, bloß damit der mich nicht sieht. Eigentlich ist das ja Blödsinn. Aber ich bin mehr ein Blender, jedenfalls finanziell gesehen. Du hast zwar auch einen Käfer gefahren, aber bei dir ist es etwas anderes. Bei dir glauben sie alle, daß du mehr im Hintergrund hast als ich. Es gibt eben bestimmte Kreise, die bleiben nur unter ihresgleichen. Das sind Leute, mit denen ich mich am besten verstehe. Ich glaube, daß ich mit Einschränkungen selbstbewußt bin. Das kommt auf die Leute an. Ich habe meinen eigenen Stil. Nur manchmal halte ich mich einfach für zu weich. Ich möchte männlicher sein. Viele halten mich für besonders weich. Ich werde manchmal sogar als Schwuler abqualifiziert, gar nicht mal so sehr, weil ich mit so vielen Schwulen zusammensitze, sondern wegen meiner Haltung und meiner Gestik. Das stört mich sehr, obwohl ich mit Schwulen auch gute Eigenschaften verbinde.

Ich kann nur mit bestimmten Leuten gut auskommen. Mit Proleten und einfachen Leuten habe ich Schwierigkeiten, weil der gemeinsame Ansatz fehlt. Mit Freaks könnte ich mir auch vorstellen auszukommen, obwohl ich wenige kenne.

Aber mit meinen Freunden habe ich einen gemeinsamen Nenner. Die sind so wie ich. Zum gemeinsamen Nenner gehört auch eine gewisse politische Grundidee. Im Freundeskreis bemühen wir uns, gute Menschen zu sein. Die Umwelt interessiert uns weniger. Im Grunde genommen ist die Menschheit schlecht und egoistisch. Meine Freunde und ich schließen sich ab.

Freundschaft ist der höchste Wert im Leben. Wenn ich meine Freunde charakterisieren soll, dann fallen mir drei verschiedene Typen ein: Reiche, Leute aus der Halbwelt und Drogen-Freaks.

Mein bester Freund ist fast genauso alt wie ich. Er gibt Freundschaft und er nimmt Freundschaft. Das ist ein sehr ausgewogenes Verhältnis. Wir können uns aufeinander verlassen. Wir sind uns ziemlich ähnlich und haben uns doch noch nie gestritten. Jetzt kennen wir uns schon so lange – und haben noch nie Streit gehabt.

Ich habe einen Freund, der benimmt sich wie Humphrey Bogart. Er heißt Mirko und ist Ausländer. Das ist einer, der ist immer superkorrekt angezogen, aber er hat ein Verbrechergesicht.

Einmal haben wir eine Orgie gefeiert: Er, ein Freund von ihm und ich haben zusammen ein Mädchen aufgerissen, so eine, die wie vierzehn aussah, aber schon sechzehn war. Ein ganz schönes Luder. Wir haben sie zu dritt gebumst – alle zugleich. Das war unglaublich. Mirko ist so ein richtiger Frauenheld, und ich bin sehr ausdauernd. Die hatte wirklich Spaß daran, manchmal hielt sie zwei Schwänze zugleich in den Händen. Am nächsten Tag haben wir zusammen gebadet und gefrühstückt. Nachmittags dann bin ich mit Mirko nach Hause gefahren, weil er sich umziehen wollte.

Er lebt noch mit seiner Familie zusammen. Die himmeln ihn völlig an, er ist dort der Mann im Haus. Er läuft da mit nacktem Oberkörper herum und wird richtig bewundert. Er hat sich von seiner Mutter die Hemden bügeln lassen. Die kann das sehr gut. Er hat ihr Anweisung gegeben, daß er keine Falte im Ärmel haben wollte. Und seine Mutter hat ihm das genauso gebügelt, obwohl das ja eigentlich Blödsinn ist, weil man die Ärmel unter dem Jackett gar nicht sieht. Er trägt auch eine Rolex, aber die hat er inzwischen versetzt. Er brauchte das Geld, weil er beim Spielen verloren hat.

Mit dem Geld wechselt das oft bei ihm. Ich habe ihn schon

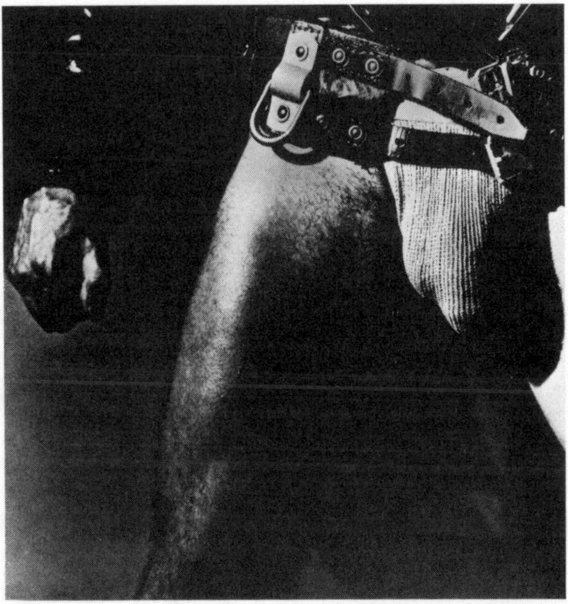

Robert Mapplethorpe: „Patrice“

mit zehn- bis fünfzehntausend Mark in den Taschen gesehen. Aber er verspielt es und gibt auch so viel aus. Zwischendurch läßt er sich von Frauen aushalten. Denen nimmt er dann alles ab, was die haben; und haut dann wieder ab. Eigentlich ist er ihnen gegenüber wirklich ein Schwein. Aber er ist so einer, dem man das nicht übelnimmt, auch die Frauen nicht.

Unter einer Idealbeziehung stelle ich mir eine feste Partnerschaft mit einem Mädchen vor. Aber ich glaube, daß es sie selten gibt. Als die Frau eines Freundes von mir eines Tages einfach abgehauen ist, haben wir die ganze Nacht zusammengesessen und gesoffen. Und uns gesagt: „Scheiß auf die Frauen. Wir machen's wie früher: heute die, morgen die.“

Denn eines habe ich immer wieder gemerkt: Wenn du korrekt bist zu den Frauen, dann wirst du immer wieder von ihnen enttäuscht. Mirko ist da vielleicht eine Ausnahme. Ein Mann, der nicht fremdgeht, ist für mich kein richtiger Mann. Die Frauen suchen immer irgendwie den starken Mann. Das ist leider naturgegeben, was sehr schade ist.

Aus dem Alter, wo Frauen für mich etwas Wichtiges darstellen, bin ich inzwischen raus. Ich suche etwas zum Abschleppen, was anderes findest du sowieso nicht. Natürlich bin ich irgendwo sehr abhängig von den Frauen. Aber das ist doch nichts anderes als der Trieb. Eine gute Freundschaft unter Männern ist mehr wert als jedes Mädchen.

Mit meinem besten Freund habe ich sogar mal zusammen meine Freundin gebumst. Ich war kein bißchen eifersüchtig, weil unsere Freundschaft so fest ist, daß sie nichts erschüttern kann. Ich glaube auch nicht, daß es je eine Beziehung zu einer Frau geben wird, die höher sein wird als die zu meinem Freund. Obwohl ich dieses Ideal habe, eine Frau zu finden, die alles für mich bedeutet. Auf die Ehe allerdings pfeife ich – das ist nur ein Wort auf amtlichem Papier.

Der Begriff Familie bedeutet mir nicht viel. Wenn ich an das Wort Vater denke, stelle ich mir immer eine autoritäre Person vor, eine, die befiehlt. Sollte ich mal Vater werden, würde ich versuchen, zu meinen Kindern ein gleichwertiges Verhältnis aufzubauen, obwohl ich nicht wüßte, wie ich meine Kinder erziehen sollte, damit sie ausgeglichene Menschen werden. Dazu bin ich noch zu jung. Es müßte jedenfalls freundschaftlich zugehen. So, daß man alles, was man denkt, auch sagen kann. So, daß man einfach keine Komplexe mehr aufbauen muß.

Meine Freundin müßte genauso denken. Hinterm Herd bräuchte sie nicht zu stehen. Überhaupt glaube ich, daß das Rollenverhalten völlig falsch ist. Man muß gewisse Dinge von vornherein klären. Ich selber würde allerdings nie Hausmann werden. Aber ich kann mir vorstellen, Aufgaben zu teilen oder Personal einzustellen. Bei uns zu Hause läuft alles nach alten Vorstellungen. Meine Eltern haben Fehler gemacht, ein echtes Problem. Warum und welche, weiß ich nicht genau.

Ich kann mich nicht erinnern, daß zwischen mir und meinen Eltern irgendwelche große Zärtlichkeiten abgelaufen sind. Ich glaube, die waren in solchen Dingen ziemlich verklemmt. Über uns Kinder haben meine Eltern auch nie Durchblick gehabt. Sie haben nie gecheckt, wenn ich was Krummes gemacht habe. Mein Bruder ist ja auch auf dem besten Wege dazu, ähnliche Erfahrungen zu machen wie ich. Auch wenn er mit Politik nichts am Hut hat. Mein Bruder soll von mir aus seine Erfahrungen machen, das ist ein Entwicklungsprozeß. Da muß er durch.

Ich weiß auch nicht, warum ich die Legalität durchbrochen habe. Vielleicht, weil mir niemals Grenzen gesetzt worden sind, ich habe nie Schläge in meinem Leben bekommen. Heute würde ich keine krummen Dinger mehr drehen – ich möchte einfach nicht mehr in den Knast kommen.

Neulich habe ich zufällig Schulze in der Stadt getroffen. Er ist inzwischen auf Bewährung frei und darf mich vorläufig nicht sehen. Deshalb habe ich auch Angst gehabt, als wir uns plötzlich gegenüberstanden. Schulze ist schon halb wieder in der Kiste: Er läuft wieder halb uniformiert herum und ist viel rumgereist.

Er hat mir erzählt, daß viele auf mich sauer sind, weil sie mich für einen halben Verräter halten. Das hat mich sehr getroffen. Die haben damals beim Prozeß einfach nicht mitbekommen, daß Otte nicht mehr zu helfen war. Der hat sich zu dumm angestellt. Ich fühle mich nicht als Verräter. Schulze hat mir auch versichert, daß er mich verteidigt hat.

Ich habe Schulze versucht zu überreden, endgültig die Finger von Nazi-Aktionen zu lassen. Er versucht nicht gegen die Vorschriften zu verstoßen, die man ihm bei seiner Entlassung aus dem Knast gemacht hat. Ich glaube, er ist sehr viel vorsichtiger geworden.

Kühnen dagegen sitzt immer noch im Knast. Die Hamburger haben sich ja später mehr radikalisiert als die meisten aus Hannover. Einige von ihnen sitzen wegen des Überfalls auf ein Waffendepot in Holland und mehrerer Raubgeschichten.

Eines glaube ich ganz sicher: Den Befehl zum Fememord in Hamburg hat Kühnen nicht gegeben. Dazu ist er nicht der Typ und auch viel zu intelligent. Er weiß ganz genau, daß er schon einmal wegen seiner unzuverlässigen Leute hochgegangen ist. Denn er hat ja am Schluß richtig die Kontrolle über sie verloren. Die haben auf eigene Faust Banken überfallen und Munitionsdepots geplündert. Und wenn sie irgendeine abgesprochene Aktion gemacht hatten, dann haben sie das Geld nicht in die Parteikasse abgegeben. Die haben sich einen Mercedes davon gekauft. Wenn es einen Mordauftrag gegeben hat, dann nicht von Kühnen. Außerdem muß dieser Mann aus Hamburg ein ganz kleiner Fisch gewesen sein. Die großen Verräter kenne ich alle.

Wenn sie von denen einen umlegen, dann ist Lepzien als

erster dran. Im norddeutschen Raum ist außer ihm wohl Kirchmann am gefährdetsten. Ich soll ja auch ein kleiner Verräter sein – das sind vielleicht Chaoten! Wenn Kühnen aus dem Knast kommt, macht der bestimmt weiter.

Man liest ja jetzt viel von rechten Terroranschlägen. Aber die Rechten sind keine Gefahr für den Staat. Ich kann alles auch gar nicht glauben. Manchmal habe ich das Gefühl, die wollen den Rechten was in die Schuhe schieben. Einige von den sogenannten rechten Morden waren ja auch Unglücksfälle. Ich bin sicher, daß zum Beispiel der Tod der beiden Vietnamesen in Hamburg ohne Absicht geschah. Gerade Röder hat immer nur Gewalt gegen Sachen propagiert.

Auch diese Geschichte in München ist komisch: Dieser Wolfgram war ein unheimlich kindlicher, hübscher Junge. Unmöglich, sich den in einem Feuergefecht vorzustellen.

Ganz sicherlich aber haben die Chaoten unter den Rechten in letzter Zeit überhandgenommen. Trotzdem habe ich das Gefühl, man drängt die Leute da hinein. Das ist ein ganz wichtiger Punkt: Die Nazis, die ich kennengelernt habe, haben seinerzeit immer versucht, sich in der Öffentlichkeit zu zeigen, auch wenn sie parallel noch im Untergrund gearbeitet haben. Aber das ist immer unmöglicher geworden, wegen der Volksverhetzungsanzeigen, der vielen Verfolgungen, der Versammlungsverbote. Wenn man demokratischer vorgehen würde, wenn man denen mehr Freiheit geben würde, würde man sie nicht in den Untergrund abdrängen. Das gilt auch für Linke.

Die Sache mit den Nazis ist mir im Bekanntenkreis eigentlich peinlich. Auch als ich noch dabei war, wollte ich in meinem normalen Leben eher angepaßt wirken. Wenn ich so meine Entwicklung zurückverfolge, war es mir doch eher möglich, in eine rechte Gruppe reinzugehen. Vielleicht hätte ich auch bei einer linken Gruppe landen können, aber wahrscheinlich sind wir von unserer ganzen Erziehung so geschaffen, daß uns die Rechte sympathischer ist. Das fängt schon bei der Kleidung an. Unsere Ideologie besagt, daß man sauber, frisch und anständig herumläuft. Die, die anders aussehen, bekommen zwangsläufig einen Ungeziefer-Charakter.

Einerseits will ich heute ein NS-System nicht haben, weil es für mich und für alle anderen Unfreiheit bedeuten würde. Andererseits verabscheue ich die Leute, die das herrschende Bild über das Dritte Reich geprägt haben, die sich die Strategie der Umerziehung ausgedacht haben.

Ich glaube nicht unbedingt, daß in jedem Deutschen ein kleiner Faschist steckt. Aber jeder Mensch ist dafür anfällig, findet es angenehm, wenn andere für ihn denken und ihm alles abnehmen. Schließlich ist es nicht das erste Mal passiert, daß ein Volk voll hinter seiner herrschenden Schicht steht.

Wiedersehen mit Stefan

Drei Tage nachdem *Die Zeit* Teile seiner Geschichte als Dossier veröffentlicht hatte, meldete sich Stefan mit einem Anruf. Ich hatte auf dieses Telefonat mit Unruhe gewartet, weil ich nicht ganz absehen konnte, wie Salge auf den Abdruck reagieren würde, obwohl er vorher Zeile für Zeile zu Gesicht bekommen und abgesegnet hatte. Er wirkte zerknirscht und kam ohne Umwege zur Sache: „Ich stehe ein bißchen wie ein Idiot da. Das wirkt sehr unreif und chaotisch", bemerkte er, ungewöhnlich kurz angebunden.

Dennoch verabreden wir uns wenige Wochen später zu einem Treffen in Norddeutschland. Morgens in einem menschenleeren Café sehen wir uns wieder. Stefan ist in seinem Auftreten ganz der alte geblieben. Er will zwar nichts essen, bestellt aber eine Flasche „Mumm" zum Frühstück. Er erzählt hoffnungsvoll von der ihm in Aussicht gestellten vorzeitigen Entlassung aus dem Gefängnis, die vorerst aber noch auf endlosen bürokratischen Wegen verzögert wird. Er erkundigt sich nach meinem Studium in München, bevor er auf seine eigene Lehre zu sprechen kommt. Und auf ein Mädchen, mit dem er zwar „rummacht", das er aber, wie gehabt, nicht lieben kann. Zum erstenmal fehlt der Vorwand der journalistischen Aufgabe, das Ritual des Frage-und-Antwort-Spiels, bei dem ich meine emotionale Beteiligung am Gespräch so leicht verbergen konnte. Und trotzdem wird es ein angenehmer Vormittag, und ich freue mich, Stefan nach langer Zeit wiederzusehen.

Vorher, während der Interviews, hatte ich oft überlegt, ob so ein Treffen nach Abschluß der Geschichte überhaupt sein darf, und mich daran erinnert, daß ich bislang auch langjährige Bekanntschaften und Schulfreundschaften wegen eines häßlichen Judenwitzes, wegen eines dummen Spruchs über Ausländer von einem Tag zum anderen abgebrochen hatte. Jetzt war ich mir ganz sicher: So ein Treffen muß sogar sein! Ich wußte inzwischen, was ich eigentlich aus dieser ausgefallenen Beziehung mitgenommen hatte: den Mut, mit Stefan den Kontakt, den Konflikt zu suchen.

Nicht etwa, weil ich plötzlich, im Gestrüpp seiner Geschichte, den Auftrag zur Bekehrung sozialisationsgeschädigter Neo-Nazis flimmern gesehen hätte, sondern weil ich mir einmal vorstellen konnte, wie einer wie Stefan zum Nazi geworden war, und mich davon in einem Maße betroffen fühlte, daß bloße Abwehr oder gar Gleichgültigkeit unmöglich geworden war.

Als ich seinen Bericht niedergeschrieben hatte, fragte ich mich allerdings, ob ich ihn am Ende nicht eher beruhigend als aufschreckend empfand: Da ist also dieser Stefan, der ohnehin ein Krimineller war, der ja geschnappt worden ist und sich schließlich auch zum Besseren gewandelt hat.

Aber dieser Zweifel war schnell wieder verflogen, als plötzlich die Aussagen, die Bilder, die Assoziationen, die ich mir im Gespräch mit Salge eingeprägt hatte, in meinem ganz alltäglichen Leben, in Situationen, die ich vorher nur flüchtig, wenn überhaupt, wahrgenommen hatte, auftauchten. Da verkörperten Stefans Bekenntnisse wieder den ganzen Horror, der durch die persönliche Ebene unserer Auseinandersetzung verwässert worden war. Viel schlimmer: Stefan hatte ich ja aufgelauert; um etwas von seinen faschistischen Ideen und Aktionen in neonazistischen Gruppen zu erfahren, mußten wir uns immer wieder aufs neue verabreden. Jetzt begegnete ich seinen Erfahrungen und politischem Credo in meinem eigenen Handeln, in meinem nächsten Umfeld. Eine hysterische Sensibilisierung nach einer zu intensiv ausgefallenen Beschäftigung mit einem rechten Terroristen? Nazi-Paranoia?

Ich habe ein beklemmendes Gefühl dabei, das Wort „alltäglicher Faschismus“ in den Mund zu nehmen. Ich habe Angst davor, den in seiner Maßlosigkeit kaum noch vorstellbaren Terror des Hitler-Regimes durch die Anwendung dieses Begriffs auf jeden Knüppeleinsatz eines wildgewordenen Polizisten zu verniedlichen. Ich fühle mich wenig geeignet, selbstgerechte Urteile darüber zu fällen, was an anderen alles so faschistoid sein könnte.

Aber gerade weil ich das Dritte Reich nur noch aus fragmentarischen Erzählungen kenne, bleibt das, was es an Furchtbarem und Schrecklichem dargestellt hat, so unendlich weit weg vom eigenen Vorstellungsvermögen, solange man nicht einen Anhaltspunkt in der Gegenwart findet, der so bedrohlich ist, daß ein Holocaust an sechs Millionen Juden plötzlich nicht mehr als die einzigartige, Lichtjahre zurückliegende Entgleisung der Geschichte erscheint.

Im Sommer 1983 saß ich in einem Biergarten mit einer Runde von Kommilitonen der Politikwissenschaft zusammen, selbst in München noch eine Bastion sich aufgeklärt wähnender Geistesmenschen. Einer der Studenten mit dem Berufsziel des Journalisten und einer dermaßen ausgeprägten Fixierung auf Armani-Kreationen, daß er wie eine Litfaßsäule des Modemachers herumläuft, hetzte plötzlich unvermittelt auf Türken los, obwohl er zugeben mußte, keinen einzigen persönlich zu kennen. Das hinderte ihn nicht daran, sich darüber zu erbosen, daß die Türken „wie die ersten Menschen“ herumliefen, in ihren Dörfern weder an Waschen noch an gute Manieren gewöhnt seien und deswegen einfach nicht „zu uns“ paßten. Daß die meisten am Tisch anderer Meinung waren, konnte man leicht erkennen. Aber alle schwiegen. So, als ob es Zivilcourage erfordert, gegen diese populäre Meinung Stellung zu beziehen.

Als Wochen später ein Fußball-Länderspiel zwischen der Türkei und der Bundesrepublik abgepfiffen wurde, freuten sich alle Medien darüber, daß die erwarteten Überfälle deutscher Rechtsextremisten auf türkische Gastarbeiter ausgeblieben waren. Wie beruhigend, daß sechstausend Polizisten aufgeboten werden müssen, um solche Ausschreitungen zu verhindern! Wie beruhigend, daß gezielte Kartenverkäufe über Gewerkschafts- und Kirchenorganisationen offenbar demonstrieren sollten, daß zivilisiertes Verhalten dem eigenen Volk nicht zuzutrauen ist! Wie beruhigend, daß viele Türken sich dennoch nicht ins Stadion trauten und jene, die den Mut dazu aufbrachten, sich in einem geschlossenen Block auf dem Weg zum Spiel machten – der schlagende Beweis dafür, daß in diesem Lande kein einziger Türke zu befürchten braucht, daß ihm bei einem Sportfest etwas zustoßen könnte!

Zum erstenmal habe ich eine Ahnung davon, wie sich eine Stimmung breitmachen konnte, die zur Ausradierung einer ganzen Volksgruppe führen konnte. Ich stelle mir eine ähnliche Mißgunst gegenüber dem Besitz und dem Arbeitsplatz der Juden vor wie gegen den der Türken. Ich vermute das gleiche Sichstören an der bloßen Andersartigkeit, an dem Wunsch beider Völker, ihre Sitten und Religion beizubehalten, die gleiche Abneigung, die sich schon am Äußeren festmacht. Die gleiche Pogromstimmung, die als Ventil für ein ganz anderes, tieferes Problem steht.

Wenn heute jemand glaubt, die Bedrohung durch rechtsextremistische Tendenzen in der Bevölkerung schon allein dadurch widerlegen zu können, daß laut Verfassungsschutzbericht die Zahl der militanten Neo-Nazis im letzten Jahr zurückgegangen ist – spielt der nicht beim Kalkül jener mit, die Ausländerhaß ganz weit weg von neonazistischem Gedankengut einordnen wollen, weil diese Stimmung für manch einen in der Bundesrepublik nützlich geworden ist, sei es, daß sie sich in Wählerstimmen umfunktionieren läßt, sei es, daß sie verhindert, daß die Angst vor dem Verlust des eigenen Besitzstandes bei den Deutschen auf einmal ganz andere Fragen aufwerfen könnte?

Dabei fürchte ich, daß Stefan und seine ehemaligen Kameraden seit unseren ersten Treffen zu einer viel größeren Bedrohung geworden sind: Ihre Äußerungen wirken immer mehr wie der Schaum dessen, was in unserer Gesellschaft gerade am Kochen ist. Wie ein besonders augenfälliges Abbild der Gedanken, die in den Köpfen von Millionen anderer Deutscher auch herumspuken – bei jenen Erwachsenen, die noch unter der Nazi-Herrschaft aufgewachsen sind und inzwischen glauben, daß sie es sich endlich leisten können, ihre Vergangenheit zu vergessen, ebenso wie bei den jungen Leuten, die deswegen meinen, dieses Stück Geschichte, das sie niemals miterlebten, bewältigt zu haben. Aber ich glaube von alldem kein Wort mehr. Seitdem ich Stefan kennenlernte, habe ich erst angefangen, darüber nachzudenken.

Fotohinweise

S. 16 Essermann / argus
S. 19 Günther Mayr
S. 29 Manfred Scholz
S. 37 Warner Poelchau
S. 39 Janka / argus
S. 41 Helmut Riegel
S. 43 Heiko Preller
S. 49 Warner Poelchau
S. 54 oben Warner Poelchau, unten argus
S. 58 Warner Poelchau
S. 65 Heiko Preller
S. 67 Klaus Rose
S. 73 Herlinde Koebl
S. 79/91 Privatsammlung Franco Fabi. Fotos: Heiko Preller
S. 102 Guido Krzikowski
S. 115 Christian Wegner
S. 136 Staatliche Kunsthalle Berlin. Foto: Heiko Preller
S. 149 Nachdruck mit freundlicher Genehmigung des Frankfurter Kunstvereins
S. 150 Herlinde Koebl